주제별 단기 완성
기적
특강

제대로 알면
귀에 딱 꽂히는
속담

초등 **2~4** 학년

길벗스쿨

머리말

같은 값이면 싼 거 사야지!

소 잃고 뇌 약간 고치면 된댔어!

시험 볼 땐 조상모사로 찍어! 조금 모르면 3번 아예 모르면 4번!?

그건 빙상의 일각이야!

그렇게 수수방광할 거야?

어디서 주워들었으나 정확하게 몰라서 요상하게 쓰는 표현이 있다

속담이나 관용어, 사자성어를 조금 안다는 친구들의 웃지 못할 상황을 보고 요즘 아이들의 어휘력을 의심하기 시작했다. 어찌 보면 어른들에게는 익숙한 이런 표현이 하나하나 제대로 배운 적이 없는 아이들에게는 생소하고 낯설게 느껴지겠구나 싶었다.

속담, 관용어, 사자성어는 짧은 표현이지만, 그 안에 다양한 상황이나 문화적 맥락을 담고 있어서 정확한 뜻과 쓰임을 제대로 배워야 다른 여러 상황에서 요긴하게 써먹을 수 있다. 대충 알고 쓰다가 자칫 빈약한 어휘력을 들키기 전에 국어 상식 어휘라 할 수 있는 속담, 관용어, 사자성어 학습으로 어휘력을 제대로 충전시키자.

속담, 관용어, 사자성어란 무엇인가?

속담(俗談)은 오랜 옛날부터 구전되어 온 말이다. 짧은 문장 속에는 옛사람들의 삶의 지혜가 담겨 있고, 소소한 이야기도 숨어 있어서 그 뜻을 알아 갈수록 재미가 있다. 옛말이긴 하지만 상황에 따라 지금 사용해도 절묘하게 맞아떨어져서 많은 사람이 여전히 속담을 즐겨 쓴다.

관용어(慣用語)란 둘 이상의 단어가 결합해 표면적인 뜻과는 전혀 다른 의미로 굳어져서 쓰이는 말을 뜻한다. 일상적으로 쓰는 표현이어서 다 아는 말이 아닌가 싶지만, 글자 그대로 해석하면 고유한 의미에서 벗어나기 때문에 뜻을 정확하게 알아야 써먹을 수 있다.

한자가 둘 이상 결합하여 만들어진 말을 한자(漢字) 성어(成語)라고 한다. 이 중에서 네 글자로 이루어진 한자 성어를 사자성어(四字成語)라 하고, 옛이야기에서 유래한 말을 고사성어(故事成語)라 한다. 기적특강에는 초등학생이 알아 두면 유용한 사자성어를 중점적으로 뽑았다. 어떤 것을 설명할 때 구구절절 풀어 쓰기보다 네 글자로 짧고 굵게 표현할 수 있는 약어(略語)의 고전, 사자성어를 배워 두자.

이거 나.

너나 놓으시지!

둘 다 잡자.

왜 속담, 관용어, 사자성어를 배워야 하는가?

간결한 표현 속에 명확한 뜻을 담고 있어서, 말과 글을 효율적으로 사용할 수 있다. 무엇인가를 설명할 때 장황하게 이야기하지 않아도 맥락에 맞는 적절한 어휘를 쓰게 되면 나의 의도를 단박에 전할 수 있고 상대의 생각을 바로 이해하는 데도 도움이 된다.

관용 표현은 우리말의 재미와 문화적 상황을 담고 있다. 정확한 표현을 적절하게 사용할 때 내 생각은 물론 다른 사람의 생각을 이해하는 데 도움이 되기 때문에 의사소통이 원활해진다. 따라서 제대로 알게 되면 그 뜻이나 쓰임에 대한 이해도가 높아져서 어휘력은 물론 독해력, 나아가서는 문해력까지 길러진다.

많이 아는 것도 좋지만, 제대로 알아 두는 게 더 중요하다. 어떤 표현 하나를 쓰더라도 정확한 뜻을 알고 쓰는 것과 대충 쓰는 것은 표현에서 하늘과 땅 차이를 만든다.
기적특강 어휘 3종은 초등학생이라면 꼭 알아 두어야 할 속담과 관용어, 사자성어를 96개씩 선정하여 전방위 어휘 학습을 제안한다. 한 컷 만화를 곁들인 기적쌤의 특강을 통해 어휘의 뜻과 활용을 정확히 파악하고, 다양한 퀴즈로 학습 어휘를 한 번 더 기억하자. 3, 6, 9일 차에는 독해 지문에 적용하여 학습 어휘의 의미를 되짚어 볼 수 있다. 속담, 관용어, 사자성어 중에서 한 권을 완주하게 되면, 플러스 어휘를 포함 약 150개 정도 되는 어휘를 제대로 학습하게 된다.

구슬이 서 말이라도 꿰어야 보배라고 했다. 여기 기적특강 어휘 3종을 통해 배운 어휘를 일상에서 꼭 한 번씩 써 보길 바란다. 한 번쯤 들어 봐서 그 뜻을 어렴풋이 짐작만 하고 있거나 잘못 알고 있지는 않은지 점검해 보자. 잘못 알고 있다면 이 책에 나온 어휘의 정확한 뜻과 용례까지 기억해 두었다가 적절한 때 알맞게 사용해 보는 것도 좋겠다.

기적특강 어휘 3종으로 우리말과 글에 대한 공부를 재미있게, 제대로 하다 보면 어제와 다르게 일취월장(日就月將)하는 나의 언어생활을 발견하게 될 것이다.

단언컨대 지금 알아 두는 속담, 관용어, 사자성어 등은 여든을 넘어 백 세까지 간다.

어린이일 때 채울 수 있는 말과 글 그릇이 제법 옹골차고 다부지길 희망하며
2023년 봄, 기적학습연구소 국어 팀 일동

구성과 특징

전방위 어휘 학습 설계

각 권은 총 40day로 구성되어 있다. 각 권의 학습 어휘는 일상에서 가장 많이 쓰이는 초등 필수 어휘 96개를 비롯하여 비슷한말, 반대말, 참고할 어휘 등 약 150개 정도 된다.

[1]한 컷 만화로 배우고, [2]퀴즈로 기억하고, [3]독해로 적용하여 [4]총정리까지 마치면 어휘력 충전이 완료된다.

1단계 　오늘의 속담 네 가지를 한 컷 만화와 기적쌤의 특강으로 배워요!

오늘의 어휘

하루 네 가지의 속담을 학습한다. 한 컷 만화에 담긴 어휘의 의미를 유추해 보기도 하고, 어떻게 활용하는지도 확인하면서 맥락과 상황을 이해한다.

+어휘

어려운 낱말의 뜻, 학습 어휘와 비슷한 뜻을 가지거나 반대의 뜻을 가진 어휘, 참고할 어휘도 더불어 배운다.

2단계 　퀴즈를 풀면서 배운 속담을 기억해요!

+퀴즈! 퀴즈!

앞에서 배운 어휘를 잘 기억하고 있는지 간단한 퀴즈를 통해 다시 확인한다. 초성 퀴즈, OX 퀴즈, 빈칸 채우기, 퍼즐, 사다리 타기, 선 긋기 등 다양한 형태의 퀴즈를 풀면서 학습 어휘의 뜻과 쓰임을 알아보자.

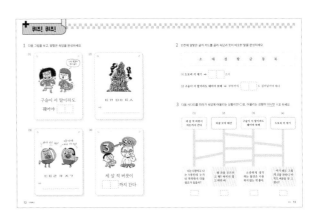

▶ 10day 학습 설계가 4번 반복

1 day	2 day	3 day	4 day	5 day	6 day	7 day	8 day	9 day	10 day
1단계 오늘의 어휘	1단계 오늘의 어휘	3단계 어휘 먹고, 독해 먹고	1단계 오늘의 어휘	1단계 오늘의 어휘	3단계 어휘 먹고, 독해 먹고	1단계 오늘의 어휘	1단계 오늘의 어휘	3단계 어휘 먹고, 독해 먹고	4단계 척 하면 착! 총정리
2단계 +퀴즈 퀴즈	2단계 +퀴즈 퀴즈		2단계 +퀴즈 퀴즈	2단계 +퀴즈 퀴즈		2단계 +퀴즈 퀴즈	2단계 +퀴즈 퀴즈		

독해로 어휘력 상승!

어휘 먹고, 독해 먹고

3, 6, 9day 차에는 학습 어휘가 적용된 지문을 읽고, 독해 훈련도 한다. 어휘 학습이 충분히 되었다면, 문맥을 파악하기가 훨씬 쉽다.

주제 찾기, 세부 내용 확인하기, 어휘 추론 등으로 독해력까지 끌어올린다.

배운 속담을 단번에 정리하면 어휘력 충전 완료!

척 하면 착! 속담 총정리

10day 차에는 1~9day에 배운 24개의 학습 어휘를 모았다. 주어진 뜻을 가진 학습 어휘를 완성하거나 학습 어휘의 정확한 뜻을 가려내어 정리해 본다. 이쯤 되면 배운 어휘는 척 하면 착 대답할 수 있게 된다.

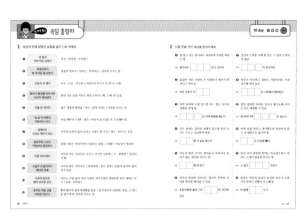

차례

능력과 태도

능력은 어떤 일을 해낼 수 있는 힘이고, 태도는 어떤 일을 대하는 자세야.

속담 중에는 능력이나 태도에 대해 다룬 게 많아.

이번 장에서 공부할 게 많다는 소리지.

자, 시작해 볼까?

● 학습 계획표 ●

공부한 날		학습 내용	확인
1 day	/	오늘의 어휘 1 ~ 7	
2 day	/	오늘의 어휘 8 ~ 14	
3 day	/	어휘 먹고, 독해 먹고	
4 day	/	오늘의 어휘 15 ~ 20	
5 day	/	오늘의 어휘 21 ~ 27	
6 day	/	어휘 먹고, 독해 먹고	
7 day	/	오늘의 어휘 28 ~ 32	
8 day	/	오늘의 어휘 33 ~ 38	
9 day	/	어휘 먹고, 독해 먹고	
10 day	/	척 하면 착! 속담 총정리	

오늘의 어휘

❶ 세 살 적 버릇이 여든*까지 간다

맙소사! 3살 때 손가락을 빨던 아이가 80살이 되어서도 여전히 손가락을 빨고 있어. 어릴 때 몸에 밴 버릇은 늙어 죽을 때까지 고치기 힘들기 때문에 빨리 고쳐야 하는데 그러지 못했군!

'세 살 적 버릇이 여든까지 간다'는 어릴 때부터 나쁜 버릇이 들지 않도록 조심해야 한다는 말이야.

＊**여든**: 열의 여덟 배가 되는 수. 80을 말함.

이렇게 써먹자~ 다리 떠는 버릇을 아직도 못 고쳤니? 제발 얼른 고치자. **세 살 적 버릇이 여든까지 간다잖아.**

❷ *티끌 모아 *태산

개미들이 작은 먹이를 태산처럼 높게 쌓아 놓았네. '티끌 모아 태산'은 이럴 때 쓰는 말이야. 아무리 작은 것이라도 모이고 모이면 나중에 큰 덩어리가 된다는 뜻이야.

＊**티끌**: 아주 작은 부스러기나 먼지.
＊**태산**: 높고 큰 산.

❸

비 **적소성대**: 작거나 적은 것도 쌓이면 크게 되거나 많아짐.

└ 積 쌓을 적　小 작을 소　成 이룰 성　大 큰 대

이렇게 써먹자~ **티끌 모아 태산**이라고 했어. 적은 돈이라도 꾸준히 모으면 큰돈을 만들 수 있지.

④ 구슬이 서 말이라도 꿰어야 보배

나도 목걸이 갖고 싶다.

구슬을 많이 가지고 있으면 뭐 해! 꿰지 않으면 그냥 구슬일 뿐. 구슬을 하나씩 꿰어야 목걸이가 되는 법!

이처럼 아무리 좋은 것이라도 쓸모 있게 만들어 놓아야 값어치가 있다는 것을 말할 때 '구슬이 서 말이라도 꿰어야 보배'라고 해.

* **말**: 곡식, 액체, 가루 등의 부피를 재는 단위.

* **보배**: 매우 귀하고 소중한 물건. 또는 사람.

⑤

비 **부뚜막의 소금도 집어넣어야 짜다**

이렇게 써먹자~ 책을 사 놓기만 하면 뭐 해! 읽어야 똑똑해지지. **구슬이 서 말이라도 꿰어야 보배라고!**

⑥ 도토리 키 재기

내가 덬 커!

아니야. 내가 더 커!

도토리들이 키를 재고 있네. 어때? 둘이 비슷해서 견줄 필요가 없지 않나?

'도토리 키 재기'는 서로 비슷한 사람끼리 자기가 더 낫다고 다툼을 이르는 말이야.

* **견주다**: 마주 놓고 비교하다.

⑦

비 **대동소이**: 큰 차이 없이 거의 같음.

└ 大 큰 대 同 같을 동 小 작을 소 異 다를 이

이렇게 써먹자~ 옆집 쌍둥이는 똑같이 생겼으면서 맨날 자기가 더 잘생겼다고 우기며 싸우더라. 정말 **도토리 키재기** 라니까.

1 다음 그림을 보고, 알맞은 속담을 완성하세요.

(1)

구슬이 서 말이라도

꿰어야 ☐☐

(2)

ㅌㄲ ㅁㅇ ㅌㅅ

➜ _____

(3)

ㄷㅌㄹ ㅋ ㅈㄱ

➜ _____

(4)

세 살 적 버릇이

☐☐ 까지 간다

2 빈칸에 알맞은 글자 카드를 골라 속담과 뜻이 비슷한 말을 완성하세요.

소	대	설	탕	금	동	북

(1) **도토리 키 재기** ➡ ☐☐소이

(2) **구슬이 서 말이라도 꿰어야 보배** ➡ 부뚜막의 ☐☐도 집어넣어야 짜다

3 다음 사다리를 따라가 속담에 어울리는 상황이면 ○표, 어울리는 상황이 <u>아니면</u> ✕표 하세요.

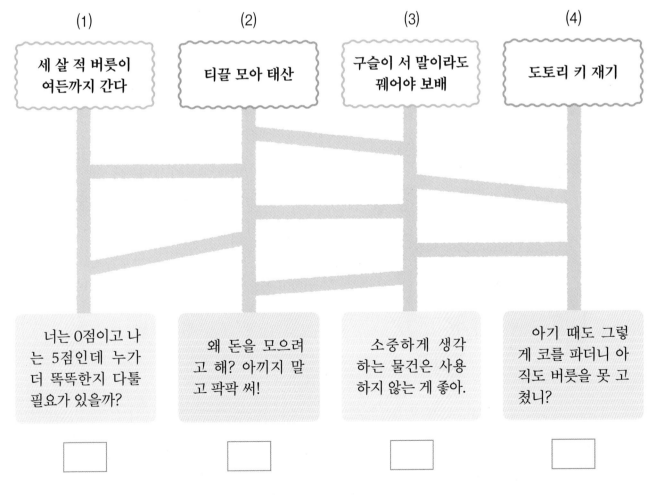

(1) 세 살 적 버릇이 여든까지 간다

(2) 티끌 모아 태산

(3) 구슬이 서 말이라도 꿰어야 보배

(4) 도토리 키 재기

너는 0점이고 나는 5점인데 누가 더 똑똑한지 다툴 필요가 있을까?

왜 돈을 모으려고 해? 아끼지 말고 팍팍 써!

소중하게 생각하는 물건은 사용하지 않는 게 좋아.

아기 때도 그렇게 코를 파더니 아직도 버릇을 못 고쳤니?

오늘의 어휘

8 *사공이 많으면 배가 산으로 간다

배는 한 척인데 사공이 여러 명이야. 그래서 배가 산으로 가고 있어. 원래 가려고 했던 곳으로 가지 못하는 거지.

'사공이 많으면 배가 산으로 간다'는 이끄는 사람 없이 여러 사람이 자기주장만 내세우면 일이 제대로 되기 어렵다는 것을 뜻해.

* **사공**: 배를 젓는 일을 직업으로 하는 사람.

이렇게 써먹자~ **사공이 많으면 배가 산으로 간다**고, 가족 여행 장소를 정해야 하는데 모두 자기가 가고 싶은 곳만 고집해서 결국 장소를 정하지 못했어.

9 돌다리도 두들겨 보고 건너라

돌다리가 엄청 튼튼해 보이는데, 왜 두들겨 보는 거지? 안심이 되지 않나? 필요 없는 행동 같지만, 정확히 확인하고 건너면 더 안전하긴 하겠다.

잘 아는 일이라도 세심하게 주의를 하라는 뜻을 전하고 싶을 때 '돌다리도 두들겨 보고 건너라'고 말해.

10
비 아는 길도 물어 가랬다

이렇게 써먹자~ 문제가 쉬워서 금방 풀더라도 정답이 맞는지 꼭 다시 확인해 봐. **돌다리도 두들겨 보고 건너라는** 말이 있잖아.

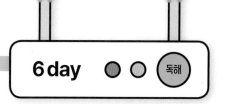
[3~5] 다음 글을 읽고, 물음에 알맞게 답하세요.

> 1998년 7월 미국에서 열린 한 골프 대회에서 박세리가 추아시리폰과 연장전을 벌이던 중이었다. 앞선 대회에서 *최연소의 나이로 우승을 차지했던 박세리에게 위기가 닥쳤다. ㉠마지막 홀에서 박세리가 친 공이 왼쪽으로 날아가 연못 쪽으로 굴러간 것이다. 다행히 공이 물에 빠지지는 않았지만 경사가 심한 잡초 속에 묻혔다. 무리하게 공을 치다가는 공이 물속에 빠질 수도 있었다. 잠시 고민하던 박세리는 신발과 양말을 벗고 물속에 들어가 공을 안전한 쪽으로 빼냈다. 박세리가 침착하게 경기를 하자 추아시리폰이 실수를 했고, 2차 연장전 끝에 결국 박세리가 승리를 거두었다.
>
> 이날의 경기에서 사람들의 인상에 깊게 남은 것이 있었다. 바로 박세리의 새하얀 발이었다. 새까만 종아리와 선명하게 비교되는 하얀 발은 양말처럼 보이기도 했다. 이에 사람들은 박세리가 보냈을 노력의 시간들을 떠올리며 아낌없는 박수를 보냈다.
>
> *최연소: 어떤 집단에서 가장 적은 나이.

3 이 글의 내용에 맞게 빈칸에 알맞은 말을 쓰세요.

- 연장전 끝에 승리한 선수는 (　　　　　　)이다.

4 ㉠과 관련 있는 속담은 무엇인가요? (　　　)

① 쇠귀에 경 읽기　　　　　　　　② 원숭이도 나무에서 떨어진다
③ 서당 개 삼 년에 풍월을 읊는다　　④ 사공이 많으면 배가 산으로 간다
⑤ 하룻강아지 범 무서운 줄 모른다

5 다음은 이 글을 읽고 한 말입니다. 빈칸에 들어갈 말로 알맞은 것에 ○표 하세요.

> "호랑이에게 물려 가도 정신만 차리면 산다더니, 　　　　　　　　　　　"

(1) 박세리는 앞선 대회에서도 우승을 차지했구나. (　　　)
(2) 박세리는 침착하게 공을 빼내서 우승을 할 수 있었어. (　　　)
(3) 박세리는 발만 하얗게 보일 정도로 연습을 열심히 했구나. (　　　)

오늘의 어휘

28 공든 탑이 무너지랴

오, 튼튼해!

쿵!

살짝 기댔는데.

대충 쌓은 돌탑은 개미가 기대도 와르르! 공들여 쌓은 돌탑은 덩치 큰 코끼리가 밀어도 끄떡없네.

'공든 탑이 무너지랴'는 정성과 노력을 다해 한 일은 그 결과가 헛되지 않다는 뜻이야.

비 **29** ***지성이면 감천**: 무슨 일이든 정성을 다하면 일이 잘 풀려 좋은 결과가 생김.

* **지성**: 지극한 정성.
* **감천**: 정성이 지극하여 하늘이 감동함.

이렇게 써먹자~ 열심히 공부했으니까 이번 시험은 꼴등이 아닐 거야. 설마 **공든 탑이 무너지겠어**?

30 작은 고추가 더 맵다

으, 작은 게 더 매워.

작은 고추보다 큰 고추가 더 매울 것 같지? 그런데 실제로는 큰 오이고추보다 작은 청양고추가 더 매워. 사람도 마찬가지야. 예부터 몸집이 작은 사람이 큰 사람보다 행동이 빠르고 *야무지다고 했어.

이렇게 몸집이 작은 사람이 큰 사람보다 재주가 뛰어나고 야무지다는 뜻을 표현할 때 '작은 고추가 더 맵다'라고 해.

* **야무지다**: 사람의 생김새나 성격, 행동 등이 단단하고 빈틈이 없다.

이렇게 써먹자~ **작은 고추가 더 맵다더니**, 민호는 우리 중에서 키가 제일 작지만 높이뛰기는 가장 잘해.

31 말 한마디에 천 *냥 빚도 갚는다

천 냥 빚이라니! 어마어마한 빚을 졌네! 그런데 진심을 담아 조리 있게 말한 덕분에 빚을 해결할 수 있을 것 같은데!

'말 한마디에 천 냥 빚도 갚는다'는 말만 잘하면 어려운 일이나 불가능해 보이는 일도 해결할 수 있다는 말이야.

＊**냥**: 예전에, 돈을 세던 단위.

이렇게 써먹자~ **말 한마디에 천 냥 빚도 갚는다**고 했어. 왜 그렇게 비싼 자전거를 사야 하는지 어머니께 최선을 다해 잘 설명해 봐.

32 우물에 가 숭늉 찾는다

옛날에는 우물물을 길어다 쌀을 씻어 밥을 한 뒤, 바닥에 눌어붙은 누룽지에 물을 붓고 끓여 숭늉을 만들었어. 숭늉을 먹으려면 이렇게 할 일이 많은데 다짜고짜 우물에 와서 숭늉을 찾으면 안 되겠지?

이처럼 모든 일에는 질서와 차례가 있는데 일의 순서도 모르고 *성급하게 덤빔을 이르는 말이 '우물에 가 숭늉 찾는다'야.

＊**성급하다**: 차분하거나 침착하지 않고 급하다.

이렇게 써먹자~ 겨우 어제 꽃밭에 씨를 심었는데 꽃이 왜 안 피냐고 묻는 거야? **우물에 가 숭늉 찾는구나.**

퀴즈! 퀴즈!

1 다음 그림을 보고, 알맞은 속담을 완성하세요.

(1)

□□ □□ 가

더 맵다

(2)

천 냥 빚도 갚는다

(3)

우물에 가

□□ 찾는다

(4)

ㄱㄷ ㅌㅇ ㅁㄴㅈㄹ

➡ _____

2 가로 열쇠와 세로 열쇠를 보고, 낱말 퍼즐을 완성하세요.

❶	❷		❸	❹		❺	
						❻	

가로 열쇠

❶ **말 한마디에 천 냥 빚도 갚는다:** 말만 잘하면 어려운 일이나 불가능해 보이는 일도 ○○할 수 있음.

❸ **'공든 탑이 무너지랴'와 뜻이 비슷한 속담:** ○○이면 감천

❻ 물을 담아 데우거나 잔에 따를 수 있도록 만든 그릇.

세로 열쇠

❷ **공든 탑이 무너지랴:** 정성과 노력을 다한 일은 그 ○○가 헛되지 않음.

❹ **우물에 가 숭늉 찾는다:** 모든 일에는 질서와 차례가 있는데 일의 순서도 모르고 ○○하게 덤빔.

❺ **작은 고추가 더 맵다:** 몸집이 작은 사람이 큰 사람보다 ○○가 뛰어나고 야무짐.

3 빈칸에 알맞은 말을 고르세요.

(1) 작은 고추가 더 매우니까 _____
_____

| 키가 큰 게 좋아. | 키가 작다고 우습게 보지 마. |

(2) 우물에 가 숭늉 찾지 말고 _____
_____

| 좀 기다리렴. | 성급하게 덤비렴. |

(3) 공든 탑은 무너지지 않으니까 ____
_____

| 그만 포기해. | 더 노력해 봐. |

오늘의 어휘

33 *낫 놓고 기역 자도 모른다

이 낫을 보면서 기역 자 써 봐.

맙소사! 낫의 모양이 기역 자를 닮았는데 낫을 보고도 기역 자를 쓰지 못하네. 그만큼 아주 쉬운 것도 모른다는 거겠지?

'낫 놓고 기역 자도 모른다'는 아주 무식함을 이르는 말이야.

＊**낫**: 농작물이나 풀을 베는 데 쓰는 농기구.

34
비 흰 것은 종이요 검은 것은 글씨라

이렇게 써먹자~ 낫 놓고 기역 자도 모른다더니, 정답을 거의 가르쳐 줬는데도 문제를 못 푸는구나!

35 *굼벵이도 구르는 재주가 있다

더디읆!

굼벵이가 구를 수 있네!

구르르르르르

몸통이 짧고 통통한 굼벵이는 느릿느릿 움직여. 그래서 행동이 느린 사람을 '굼벵이'에 빗대기도 해. 그런데 그런 굼벵이에게도 데굴데굴 구르는 재주가 있나 봐.

'굼벵이도 구르는 재주가 있다'는 아무런 능력이 없어 보이는 사람도 한 가지 재주는 있음을 이르는 말이야.

＊**굼벵이**: 매미나 풍뎅이의 애벌레.

이렇게 써먹자~ 굼벵이도 구르는 재주가 있다고, 타조는 하늘을 날지 못하는 새지만 말보다 빠르게 달릴 수 있다.

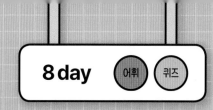

36 우물 안 개구리

하늘은 작고 둥글지.

나는 이 우물에서 제일 똑똑한 개구리!

우물에서 자란 개구리는 우물 안이 세상의 전부라고 생각하지. 밖에 넓은 세상이 있다는 걸 모르니까.

이렇게 넓은 세상의 형편을 알지 못하는 사람을 '우물 안 개구리'라고 해. 아는 것이 적어 저만 잘난 줄 아는 사람을 비꼬는 말로도 쓰이지.

37 비 정저지와

井 우물정 底 밑저 之 갈지 蛙 개구리 와

이렇게 써먹자~ 전국 수학 경시대회에 나갔더니 나보다 잘하는 친구들이 참 많더라. 내가 **우물 안 개구리였다는** 사실을 알게 되었어.

38 호미로 막을 것을 가래로 막는다

이 좁은 땅을 일구는데 굳이 가래로?

호미로 해도 되지 않나?

호미~ 가래~

호미와 가래는 땅을 일구는 데 쓰는 도구야. 농사를 지으려면 땅을 파서 일으켜야 해. 호미는 작아서 혼자서도 쓰지만, 가래는 여럿이 함께 써야 해. 호미로 간단히 할 수 있는 일을 가래로 할 필요는 없겠지?

이처럼 적은 힘으로 충분한데 쓸데없이 많은 힘을 들이는 경우에 '호미로 막을 것을 가래로 막는다'라고 해. 빨리 했으면 쉽게 해결했을 일을 그냥 두었다가 나중에 큰 힘을 들이게 된 경우에도 써.

이렇게 써먹자~ **호미로 막을 것을 가래로 막는다더니!** 이가 아프기 시작할 때 진작 치과에 갔으면 이를 뽑지 않아도 되었을 텐데.

1 다음 그림을 보고, 알맞은 속담을 완성하세요.

(1)

호미로 막을 것을

_____

(2)

굼벵이도 구르는

☐☐ 가 있다

(3)

☐ 놓고

기역 자도 모른다

(4)

ㅇ ㅁ ㅇ ㄱ ㄱ ㄹ

➡ _____

2 다음 속담과 뜻이 비슷한 말을 고르고, 낱자를 조합해서 글자를 만들어 쓰세요.

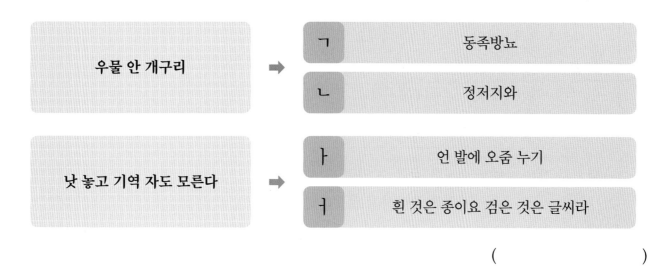

| 우물 안 개구리 ➡ | ㄱ | 동족방뇨 |
| | ㄴ | 정저지와 |

| 낫 놓고 기역 자도 모른다 ➡ | ㅏ | 언 발에 오줌 누기 |
| | ㅓ | 흰 것은 종이요 검은 것은 글씨라 |

(   )

3 다음 칸을 색칠하여 상황에 알맞은 속담을 완성하세요.

(1)  수호가 논술 대회에서 일 등 한 거 알아?　　정말? 할 줄 아는 게 하나도 없을 것 같았는데!

| 굼벵이도 | 낫 | 놓고 | 구르는 | 기역 자도 | 재주가 | 있다 | 모른다 |

(2) 왜 상처를 빨리 치료하지 않고 그냥 둔 거야?　　금방 괜찮아질 줄 알았는데 더 심해졌어.

| 호미로 | 우물 | 막을 | 것을 | 안 | 가래로 | 개구리 | 막는다 |

1 ㉠에 담긴 뜻으로 알맞은 것에 ○표 하세요.

> 씨름은 우리나라의 전통 민속놀이예요. 두 사람이 상대방의 허리와 다리에 두른 샅바를 붙잡고 서로 힘을 겨루다 상대방을 모래판 위에 쓰러뜨리면 이기는 경기예요. 대체로 덩치가 큰 사람은 힘이 세서 씨름을 잘해요. 그러나 덩치가 큰 사람만 씨름을 잘하는 건 아니에요. ㉠작은 고추가 매울 수도 있어요. 씨름은 덩치로만 하는 경기가 아니라 기술이 뛰어나야 하기 때문이에요.

(1) 덩치가 작은 사람도 씨름을 잘할 수 있다. (   )

(2) 덩치가 작은 사람은 씨름을 좋아하지 않는다. (   )

(3) 덩치가 작은 사람이 덩치가 큰 사람보다 항상 씨름을 잘한다. (   )

2 ㉠에 들어갈 속담으로 알맞은 것은 무엇인가요? (   )

> 옛날 이탈리아의 한 마을에 '니콜로'라는 농부가 살았어요. 니콜로는 부지런히 일했지만 수확이 형편없었어요. 니콜로가 부리는 *노새가 힘이 약하고 행동도 느렸기 때문이에요. 이웃에 사는 두 농부는 그런 니콜로와 노새를 비웃었어요.
>
> 어느 날 아침, 니콜로는 두 농부를 혼내 주기로 마음먹고, 노새에게 금화를 먹였어요. 그리고 그날 오후 일을 마치고 돌아오는 길에 두 농부를 만났어요. 두 농부는 니콜로에게 말했어요.
>
> "바보 같은 니콜로! 멍청한 노새를 빨리 팔아 버리게나. 하하하."
>
> 그때 노새가 길바닥에 똥을 뿌지직 쌌어요. 똥 속에는 금화가 반짝이고 있었지요. 니콜로는 금화를 주우며 말했어요.
>
> "매일 이렇게 금화가 있는 똥을 싸니 참 기특하군!"
>
> 두 농부는 그 말을 듣고 매우 놀라며 말했어요.
>
> "   ㉠   더니! 이 노새를 우리에게 팔게나. 값은 비싸게 쳐주겠네."
>
> 니콜로는 못 이기는 척 두 농부에게 노새를 팔았어요.
>
> *노새: 암말과 수나귀 사이에서 난, 말과에 속하는 짐승.

① 우물에 가 숭늉 찾는다

② 낫 놓고 기역 자도 모른다

③ 굼벵이도 구르는 재주가 있다

④ 말 한마디에 천 냥 빚도 갚는다

⑤ 호미로 막을 것을 가래로 막는다

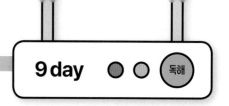

[3~5] 다음 글을 읽고, 물음에 알맞게 답하세요.

수찬이는 학교에서 돌아오자마자 엄마를 급하게 찾았어요.

"엄마, 엄마! 저 칼림바 배울래요. 민영이가 배우고 있다는데, 같이 배우고 싶어요."

"갑자기? 누나가 가끔 연주할 때는 거들떠보지도 않더니……."

수찬이는 엄마의 말씀이 다 끝나기도 전에 말했어요.

" [㉠] "

"낫 놓고 기역 자도 모른다더니."

수찬이는 엄마의 말씀에 머리를 긁적이며 대답했어요.

"헤헤. 지금부터 알면 되죠, 뭐! 그런데 엄마 사실 좀 걱정이긴 해요. 제가 악기를 배워 본 적이 없잖아요. 민영이처럼 잘 연주하고 싶은데, 그럴 수 있을까요?"

㉡"공든 탑이 무너지겠니?"

3 수찬이가 배우고 싶어 한 것은 무엇인지 쓰세요.

(   )

4 ㉠에 들어갈 말로 알맞은 것에 ○표 하세요.

(1) 네? 우리 집에 칼림바가 있어요? 칼림바가 뭔데요? (   )

(2) 예전에도 칼림바를 연주하고 싶은 마음은 있었어요. (   )

(3) 누나는 칼림바 연주를 참 잘해요. 나도 그렇게 잘하고 싶어요. (   )

5 ㉡을 통해 알 수 있는 엄마의 생각을 찾아 기호를 쓰세요.

> ㉮ 수찬이는 칼림바를 배우지 않는 게 좋겠다.
> ㉯ 수찬이는 아무리 노력해도 칼림바 연주를 할 수 없을 것이다.
> ㉰ 수찬이가 최선을 다해 노력하면 칼림바 연주를 잘할 수 있을 것이다.

(   )

1 속담의 뜻에 알맞은 낱말을 골라 ○표 하세요.

❶ 낫 놓고 기역 자도 모른다

아주 (똑똑함 , 무식함).

❷ 하룻강아지 범 무서운 줄 모른다

철없이 함부로 (덤비는 , 부탁하는) 경우를 이르는 말.

❸ 도토리 키 재기

서로 (다른 , 비슷한) 사람끼리 자기가 더 낫다고 다툼.

❹ 뱁새가 황새를 따라가면 다리가 찢어진다

힘에 겨운 일을 억지로 하면 오히려 (해 , 은혜)만 입음.

❺ 우물 안 개구리

넓은 세상의 형편을 (아는 , 알지 못하는) 사람을 이르는 말.

❻ 세 살 적 버릇이 여든까지 간다

어릴 때부터 (나쁜 , 좋은) 버릇이 들지 않도록 조심해야 함.

❼ 굼벵이도 구르는 재주가 있다

아무런 능력이 없어 보이는 사람도 한 가지 (재주 , 취미)는 있음.

❽ 될성부른 나무는 떡잎부터 알아본다

잘될 사람은 어려서부터 남달리 (잘될 , 고생할) 가능성이 엿보임.

❾ 티끌 모아 태산

아무리 작은 것이라도 모이고 모이면 나중에 (큰 , 위험한) 덩어리가 됨.

❿ 구슬이 서 말이라도 꿰어야 보배

아무리 좋은 것이라도 (화려하게 , 쓸모 있게) 만들어 놓아야 값어치가 있음.

⓫ 사공이 많으면 배가 산으로 간다

이끄는 사람 없이 여러 사람이 자기주장만 내세우면 일이 제대로 되기 (쉬움 , 어려움).

⓬ 호미로 막을 것을 가래로 막는다

빨리 했으면 쉽게 해결했을 일을 그냥 두었다가 나중에 (정성 , 큰 힘)을 들이게 된 경우를 이르는 말.

2 다음 뜻을 가진 속담을 완성하세요.

❶ 잘 알고 있는 일이라도 세심하게 주의를 하라는 말.

➡ 돌다리도 ☐☐☐ 보고 건너라

❷ 몸집이 작은 사람이 큰 사람보다 재주가 뛰어나고 야무짐.

➡ 작은 고추가 더 ☐☐

❸ 어떤 분야에 오래 있으면 어느 정도 지식과 경험을 갖게 됨.

➡ ☐☐☐ 삼 년에 풍월을 읊는다

❹ 모든 일에는 질서와 차례가 있는데 일의 순서도 모르고 성급하게 덤빔.

➡ ☐☐ 에 가 숭늉 찾는다

❺ 아무리 알려 주어도 알아듣지 못하거나 효과가 없는 경우를 이르는 말.

➡ ☐☐ 에 경 읽기

❻ 아무리 위급한 경우라도 정신만 똑똑히 차리면 위기를 벗어날 수 있음.

➡ 호랑이에게 물려 가도 ☐☐ 만 차리면 산다

❼ 정성과 노력을 다해 한 일은 그 결과가 헛되지 않음.

➡ ☐☐☐ 이 무너지랴

❽ 아무리 익숙하고 잘하는 사람이라도 가끔 실수할 때가 있음.

➡ ☐☐☐ 도 나무에서 떨어진다

❾ 말만 잘하면 어려운 일이나 불가능해 보이는 일도 해결할 수 있음.

➡ 말 한마디에 ☐☐☐ 도 갚는다

❿ 어떤 일을 하려고 생각했으면 망설이지 말고 곧 행동으로 옮겨야 함.

➡ ☐☐ 도 단김에 빼라

⓫ 일이 이미 잘못된 뒤에는 바로잡으려고 애써도 소용이 없음을 비꼬는 말.

➡ 소 잃고 ☐☐☐ 고친다

⓬ 당장은 약간의 효과가 있지만 효과가 오래 가지 못하고 상황이 더 나빠짐.

➡ 언 발에 ☐☐ 누기

2

관계

우리는 가족, 친구, 이웃 등 많은 사람들과 어울려 살아가고 있어.
이렇게 사람들이 서로 연결되어 얽혀 있는 것을 '관계'라고 하지.
사람과 사람 사이의 관계에서는 엄청 다양한 일들이 일어나.
이번 장에서는 관계와 관련된 속담을 알아보자.

● 학습 계획표 ●

공부한 날		학습 내용	확인
11 day	/	오늘의 어휘 39 ~ 43	
12 day	/	오늘의 어휘 44 ~ 50	
13 day	/	어휘 먹고, 독해 먹고	
14 day	/	오늘의 어휘 51 ~ 57	
15 day	/	오늘의 어휘 58 ~ 64	
16 day	/	어휘 먹고, 독해 먹고	
17 day	/	오늘의 어휘 65 ~ 69	
18 day	/	오늘의 어휘 70 ~ 74	
19 day	/	어휘 먹고, 독해 먹고	
20 day	/	척 하면 착! 속담 총정리	

39 열 손가락 깨물어 안 아픈 손가락이 없다

열 손가락 중에서 깨물어도 안 아픈 손가락은 없어. 모두 다 똑같이 아파. 자식도 마찬가지야. 부모님 입장에서 자식은 모두 똑같이 귀하고 소중해.

이렇게 부모는 자식이 아무리 많아도 모두 다 소중함을 이르는 말이 '열 손가락 깨물어 안 아픈 손가락이 없다'야.

이렇게 써먹자~ 우리 부모님은 내가 아무리 말썽을 부려도 언니, 오빠랑 똑같이 사랑해 주셔. **열 손가락 깨물어 안 아픈 손가락이 없다**고 하잖아.

40 떡 줄 사람은 꿈도 안 꾸는데 김칫국부터 마신다

옛날에는 떡을 먹을 때 목이 멜까 봐 김칫국과 함께 먹었대. 그래서 아이는 떡을 먹을 것을 대비해 김칫국부터 마시겠다고 한 거야. 이모가 떡을 나누어 주지 않을지도 모르는데 말이야.

'떡 줄 사람은 꿈도 안 꾸는데 김칫국부터 마신다'는 해 줄 사람은 생각지도 않는데 미리부터 다 된 일로 알고 행동한다는 뜻이야.

*꿈도 안 꾸다: 전혀 생각도 안 하다.

이렇게 써먹자~ 엄마는 너에게 휴대 전화를 사 줄 생각이 없으신 것 같던데, 넌 왜 케이스부터 샀니? **떡 줄 사람은 꿈도 안 꾸는데 김칫국부터 마셨구나!**

⁴¹ 호랑이도 제 말 하면 온다

할머니가 호랑이 얘기를 하자마자 어떻게 알았는지 깊은 산속에 있던 호랑이가 나타났어.

이렇게 다른 사람에 대해 이야기하는데 공교롭게 그 사람이 나타나는 경우에 '호랑이도 제 말 하면 온다'라고 해.

* **공교롭다**: 우연히 뜻밖의 일이 일어나서 놀랍다.

⁴² 비 **담호호지**

└ 談 말씀 담 虎 범 호 虎 범 호 至 이를 지

이렇게 써먹자~ 얘들아, 준수에 대한 얘기 좀 그만해. **호랑이도 제 말 하면 온다**고 했어.

⁴³ 사촌이 땅을 사면 ˟배가 아프다

사촌에게 좋은 일이 있군! 좋은 곳에 땅을 샀대. 겉으로는 함께 기뻐하는 척하며 축하한다고 했지만, 속으로는 질투하고 있어.

'사촌이 땅을 사면 배가 아프다'는 남이 잘되는 것을 기뻐해 주지는 않고 오히려 질투하는 경우에 사용하는 말이야.

* **배가 아프다**: 남이 잘되어 심술이 나다.

이렇게 써먹자~ 짝꿍이 일 등 했다는 말을 들으니까 괜히 짝꿍이 얄미워지네. 이래서 **사촌이 땅을 사면 배가 아프다**고 하나 봐.

퀴즈! 퀴즈!

1 다음 그림을 보고, 알맞은 속담을 완성하세요.

(1)

호랑이도

□ □ 하면 온다

(2)

열 손가락 깨물어 안 아픈

손가락이 □ □

(3)

사촌이 땅을 사면

배가 □ □ □

(4)

떡 줄 사람은 꿈도 안 꾸는데

_____

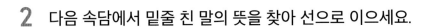

2 다음 속담에서 밑줄 친 말의 뜻을 찾아 선으로 이으세요.

(1) 사촌이 땅을 사면 <u>배가 아프다</u>

• ㉮ 남이 잘되어 기분이 좋다.

• ㉯ 남이 잘되어 심술이 나다.

(2) 떡 줄 사람은 <u>꿈도 안 꾸는데</u> 김칫국부터 마신다

• ㉮ 미리 계획을 하다.

• ㉯ 전혀 생각도 안 하다.

3 빈칸에 알맞은 속담을 고르고, 낱자를 차례대로 조합해서 글자를 만들어 쓰세요.

_____더니, 민정이한테 수아가 너무 보고 싶다고 얘기하고 있었는데 정말 수아가 왔네!

| ㅁ | 호랑이도 제 말 하면 온다 |
| ㅂ | 말 한마디에 천 냥 빚도 갚는다 |

_____고, 부모님께 동생만 칭찬을 받으니까 괜히 심술이 나네.

| ㄴ | 낫 놓고 기역 자도 모른다 |
| ㅜ | 사촌이 땅을 사면 배가 아프다 |

_____고 하잖아. 우리 부모님은 언니, 오빠, 나를 모두 똑같이 소중하게 생각하셔.

| ㄱ | 열 손가락 깨물어 안 아픈 손가락이 없다 |
| ㄹ | 떡 줄 사람은 꿈도 안 꾸는데 김칫국부터 마신다 |

(   )

오늘의 어휘

44 계란으로 바위 치기

바위를 깨 봐야지.

엥!

덜 덜

계란으로 바위를 친다고 바위가 깨지겠어? 아무리 강하게 쳐도 바위는 절대 깨지지 않아.

이처럼 맞서 싸워도 도저히 이길 수 없는 경우에 '계란으로 바위 치기'라고 해.

45
비 이란투석

以 써 이 卵 알 란 投 던질 투 石 돌 석

이렇게 써먹자~ 내가 아무리 게임을 잘해도 프로 게이머랑 대결을 하는 건 **계란으로 바위 치기**겠지?

46 먼 사촌보다 가까운 이웃이 낫다

이웃

활

활

사촌아, 우리 집 불났어.

어떡해! 집에 불이 났어! 멀리 사는 사촌은 도와주지 못하지만, 가까운 이웃은 함께 불을 끄고 있어.

'먼 사촌보다 가까운 이웃이 낫다'는 이웃끼리 서로 친하게 지내다 보면 먼 곳에 있는 친척보다 더 친하게 되어 서로 도우며 살게 된다는 뜻이야.

이렇게 써먹자~ 우리 집 보일러가 망가져서 잘 곳이 없었는데, 이웃집에서 하룻밤 재워 주셨어. **먼 사촌보다 가까운 이웃이 낫다**니까.

47 소 닭 보듯

소와 닭은 서로에게 관심이 없는 건가? 서로 보는 둥 마는 둥 하고 있네.

'소 닭 보듯'은 이렇게 서로 *무심하게 보는 모양을 이르는 말이야.

* **무심하다**: 아무런 생각이나 감정이 없다.

48
비 **개 닭 보듯**

이렇게 써먹자~ 오랜만에 친구를 만났는데 왜 반갑게 인사하지 않고 무심하게 구니? 완전 **소 닭 보듯** 하네.

49 숭어가 뛰니까 망둥이도 뛴다

숭어는 물 위로 뛰어오르는 힘이 좋아. 망둥이는 그런 숭어의 모습이 멋있어 보여서 따라 하지만 숭어처럼 높이 뛰지는 못해.

'숭어가 뛰니까 망둥이도 뛴다'는 남이 한다고 하니까 덩달아 나서거나 자기 처지를 모르고 잘난 사람을 덮어 놓고 따른다는 뜻이야.

50
비 **부화뇌동**: 자기 생각 없이 남의 의견에 따라 움직임.

附 붙을 부 和 화목할 화 雷 우레 뇌 同 같을 동

이렇게 써먹자~ 언니가 배우가 돼서 유명해졌다고 너도 배우가 되겠다는 거야? **숭어가 뛰니까 망둥이도 뛰는구나!**

퀴즈! 퀴즈!

1 다음 그림을 보고, 알맞은 속담을 완성하세요.

(1)

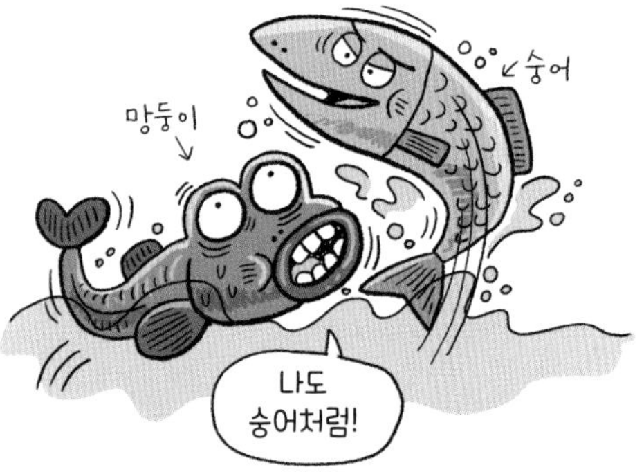

숭어

망둥이

나도
숭어처럼!

숭어가 뛰니까

□□□ 도 뛴다

(2)

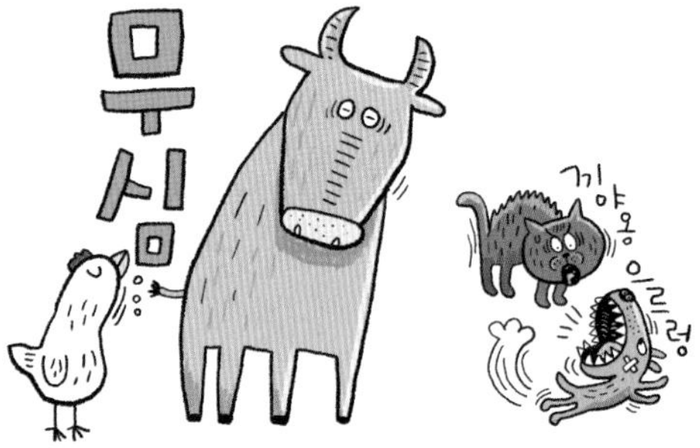

무심

ㅅ ㄷ ㅂ ㄷ

➜ _____

(3)

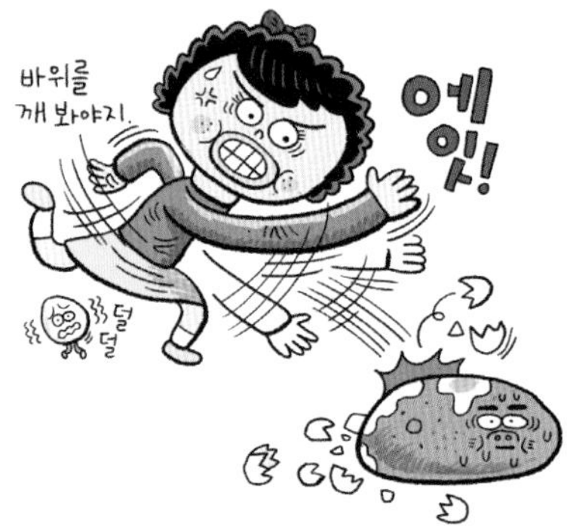

바위를
깨 봐야지.

엣!

ㄱ ㄹ ㅇ ㄹ ㅂ ㅇ ㅊ ㄱ

➜ _____

(4)

이웃

활
활

사촌아, 우리 집
불났어.

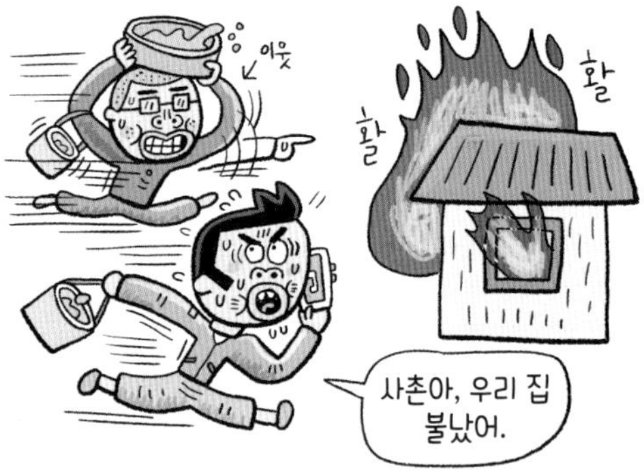

먼 사촌보다 가까운

□□ 이 낫다

2 다음 속담과 비슷한 뜻을 가진 사자성어가 되도록 주사위를 고르고, 두 수의 합을 구하여 쓰세요.

숭어가 뛰니까 망둥이도 뛴다

·	::	∴	⠿
이란	부화	뇌동	투석

(   )

3 다음 사다리를 따라가 속담에 어울리는 상황이면 ○표, 어울리는 상황이 <u>아니면</u> ✕표 하세요.

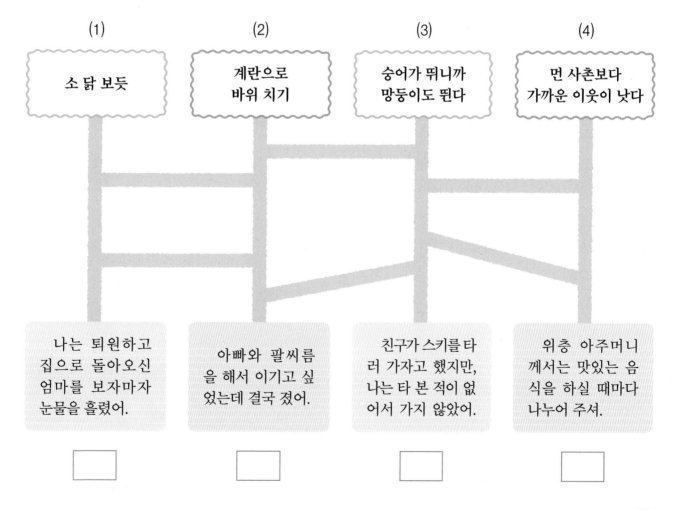

(1) 소 닭 보듯

(2) 계란으로 바위 치기

(3) 숭어가 뛰니까 망둥이도 뛴다

(4) 먼 사촌보다 가까운 이웃이 낫다

나는 퇴원하고 집으로 돌아오신 엄마를 보자마자 눈물을 흘렸어.

아빠와 팔씨름을 해서 이기고 싶었는데 결국 졌어.

친구가 스키를 타러 가자고 했지만, 나는 타 본 적이 없어서 가지 않았어.

위층 아주머니께서는 맛있는 음식을 하실 때마다 나누어 주셔.

1 ㉠에 들어갈 속담으로 알맞은 것은 무엇인가요? (   )

> 안녕하세요? 저는 지난 주말에 203호로 이사 온 박수호입니다. 저희 가족은 경북 안동에서 이곳으로 이사 왔어요. 이사 오기 전에는 동네에 친척이 많이 살아서 함께 어울리며 즐겁게 지냈는데, 이곳에는 아는 사람이 하나도 없어서 걱정이에요. 그렇지만 이웃에 사는 분들과 인사 나누며 조금씩 친해지면 예전처럼 행복하게 지낼 수 있을 것 같아요.   ㉠   . 앞으로 가깝게 지내면 좋겠어요. 잘 부탁드립니다.

① 호랑이도 제 말 하면 온다잖아요
② 숭어가 뛰니까 망둥이도 뛴다잖아요
③ 사촌이 땅을 사면 배가 아프다잖아요
④ 먼 사촌보다 가까운 이웃이 낫다잖아요
⑤ 열 손가락 깨물어 안 아픈 손가락이 없다잖아요

2 다음 기사문의 제목으로 알맞은 것에 ○표 하세요.

> 6월 27일, 러시아 카잔에서 열린 월드컵 F조 마지막 경기에서 대한민국이 독일을 2 대 0으로 꺾고 승리를 거두었다. 독일은 이전 대회 우승국이자, 세계 랭킹 1위이다. 그래서 경기 전 많은 사람들이 한국은 절대 독일을 이길 수 없다고 했다. 상대국 독일은 경기도 하기 전에 이미 한국을 이겼다고 생각하고 한국전보다는 그다음에 있을 경기를 대비하기도 했다. 이렇게 대부분이 불가능하다고 생각했던 일을 대한민국 축구 대표 팀이 이루어 냈다.

(1)	(2)	(3)
소 닭 보듯 한 한국과 독일	한국 축구, 계란으로 바위 쳤다!	떡 줄 사람은 꿈도 안 꾸는데 김칫국부터 마신 한국
( )	( )	( )

[3~5] 다음 글을 읽고, 물음에 알맞게 답하세요.

"호랑이도 제 말 하면 온다더니."

민형이는 민석이가 거실로 나오자 쳐다보지도 않고 엄마께 속삭였다.

민석이는 엄마 옆에 앉아서 귤을 먹었다. 민석이와 민형이는 내내 서로 소 닭 보듯 했다.

민석이가 귤을 다 먹고 방으로 들어가자, 민형이는 엄마께 불만을 쏟아 냈다.

"엄마, 저거 봐요. 민석이는 저를 투명 인간 취급한다니까요. 저를 완전 무시하는 거잖아요. 민석이 좀 혼내 주세요. 맨날 저한테만 참으라고 하시지 말고요. 엄마는 민석이만 예뻐하시는 것 같아요."

"㉠엄마는 둘 다 똑같이 소중하게 생각해. 그런데 민석이는 형이 자기한테 불만이 있는 것 같다고 하던데? 둘이 한번 대화를 해 봐."

민형이는 엄마의 말씀을 듣고 생각에 잠겼어요.

3 이 글의 내용으로 알맞으면 ○표, 알맞지 <u>않으면</u> ×표 하세요.

(1) 민형이와 민석이는 형제 사이인데, 민형이가 형이다. (　　　　)

(2) 민형이와 민석이는 서로 화가 난 표정으로 노려보았다. (　　　　)

(3) 민형이는 엄마가 자신과 민석이를 차별한다고 생각했다. (　　　　)

4 이 글 바로 앞의 내용을 알맞게 짐작한 것의 기호를 쓰세요.

㉮ 민석이는 엄마와 거실에서 이야기를 나누고 있었다.

㉯ 민형이는 엄마께 민석이에 대한 이야기를 하고 있었다.

㉰ 민형이가 거실에서 혼자 호랑이가 나오는 책을 읽고 있었다.

(　　　　　　　　)

5 ㉠과 관련 있는 속담은 무엇인가요? (　　　　)

① 쇠귀에 경 읽기

② 쇠뿔도 단김에 빼라

③ 숭어가 뛰니까 망둥이도 뛴다

④ 사촌이 땅을 사면 배가 아프다

⑤ 열 손가락 깨물어 안 아픈 손가락이 없다

오늘의 어휘

51 가는 말이 고와야 오는 말이 곱다

최선을 다해 그렸구나.

그림이 참 신선하구나.

둘 다 손으로 그린 거 맞아?

두 친구가 그림을 잘 그렸나? 형편없지? 그렇지만 서로 듣기 좋은 말을 주고받았어.

'가는 말이 고와야 오는 말이 곱다'는 자기가 남에게 말이나 행동을 좋게 해야 남도 자기에게 좋게 한다는 뜻이야.

52
비 웃는 *낯에 침 뱉으랴

*낯: 눈, 코, 입 등이 있는 얼굴의 앞쪽 면.

이렇게 써먹자~ 가는 말이 고와야 오는 말이 곱다고 했어. 네가 먼저 친구에게 친절하게 말하면 친구도 너에게 친절하게 대답해 줄 거야.

53 고양이한테 생선을 맡기다

가게 잘 보고 있어.

생선가게

다다다

생선 가게 아저씨가 화장실이 엄청 급한가 봐. 고양이가 생선을 먹어 버릴까 봐 걱정이지만, 어쩔 수 없이 고양이한테 생선 가게를 맡겼어.

이렇게 어떤 일을 믿지 못할 사람에게 맡겨 놓고 마음이 놓이지 않아 걱정함을 이르는 말이 '고양이한테 생선을 맡기다'야.

54
비 고양이보고 반찬 가게 지키라는 격

이렇게 써먹자~ 동생이 내 장난감을 망가뜨리지 않고 잘 가지고 놀까? 흠, **고양이한테 생선을 맡기는 거 같은데**…….

55 윗물이 맑아야 아랫물이 맑다

위에서 맑은 물이 흘러내리니까 아랫물도 맑은 거야. 사람도 마찬가지야. 윗사람이 먼저 바르게 행동하면 아랫사람도 본받아 잘하게 되지.

이처럼 윗사람이 잘하면 아랫사람도 따라서 잘하게 된다는 것을 말할 때 '윗물이 맑아야 아랫물이 맑다'라고 해.

이렇게 써먹자~ 윗물이 맑아야 아랫물이 맑다는 말 알지? 첫째인 네가 바르게 행동해야 동생들도 바르게 행동할 거야.

56 똥 묻은 개가 겨 묻은 개 나무란다

똥이 더러울까, 겨가 더러울까? 당연히 똥이겠지? 그런데 똥 묻은 개가 겨 묻은 개한테 더럽다고 하네.

'똥 묻은 개가 겨 묻은 개 나무란다'는 자기는 더 큰 흉이 있으면서 도리어 남의 작은 흉을 본다는 말이야.

＊겨 : 벼, 보리 등의 곡식을 찧을 때 벗겨져 나오는 얇은 껍질.

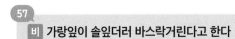
57 비 가랑잎이 솔잎더러 바스락거린다고 한다

이렇게 써먹자~ 넌 바닥에 과자 봉지를 버렸으면서 내가 과자 하나 떨어뜨린 걸 가지고 뭐라 하니? 똥 묻은 개가 겨 묻은 개 나무라는구나!

1 다음 그림을 보고, 알맞은 속담을 완성하세요.

(1)

고양이한테

☐☐ 을 맡기다

(2)

오는 말이 곱다

(3)

☐ 묻은 개가

겨 묻은 개 나무란다

(4)

윗물이 맑아야

2 두 속담이 비슷한 뜻이 되도록 빈칸에 알맞은 말을 고르세요.

(1)

가는 말이 고와야 오는 말이 곱다

☐ 낮에 침 뱉으랴

우는　　웃는　　자는　　찡그린

(2)

똥 묻은 개가 겨 묻은 개 나무란다

가랑잎이 솔잎더러
☐거린다고 한다

들락　　달그락　　꼼지락　　바스락

3 속담의 사용이 알맞으면 오른쪽 칸으로, 알맞지 <u>않으면</u> 아래 칸으로 선을 긋고 어떤 동물이 나오는지 쓰세요.

출발 ➡

❶ 똥 묻은 개가 겨 묻은 개 나무란다더니, 너는 20분이나 늦게 왔으면서 내가 네 말을 못 알아들었다고 화내는 거야?

❷ 내 짝꿍은 입이 무거워서 내 비밀을 다 말해도 돼. 고양이한테 생선을 맡기는 거지.

❸ 부모님이 할머니께 효도하시니까 나도 부모님께 효도하려고 노력해. 윗물이 맑아서 아랫물이 맑은 거지.

❹ 가는 말이 고와야 오는 말이 곱다고 했어. 친구에게 좋은 소리를 들으려면 먼저 잘 대해 줘야지.

(　　　　　　　　)

오늘의 어휘

58 지렁이도 밟으면 꿈틀한다

지렁이는 작고 단순하게 생긴 동물이야. 하찮아 보이는 지렁이도 누군가에게 밟히면 꿈틀거리지.

이렇게 아무리 지위가 낮거나 순한 사람이라도 너무 *업신여기면 가만있지 않는다는 것을 말할 때 '지렁이도 밟으면 꿈틀한다'라고 해.

* 업신여기다: 남을 낮추어 보거나 하찮게 여기다.

59

비 굼벵이도 밟으면 꿈틀한다

이렇게 써먹자~ 그동안 네가 아무리 장난쳐도 화를 안 내고 참았더니, 내 일기장까지 훔쳐본 거야? 이제 못 참아! **지렁이도 밟으면 꿈틀한다고!**

60 가재는 게 편

가재와 게는 생김새가 비슷해. 딱딱한 등딱지에 집게발이 있지. 그래서 무슨 일이 생기면 서로 편을 들어주나 봐.

모양이나 형편이 비슷하고 관련 있는 것끼리 서로 잘 어울리고 감싸 주기 쉬움을 이를 때 '가재는 게 편'이라고 해.

61

비 **팔이 안으로 굽는다**: 자신에게 가까운 사람 또는 관계된 일에 유리하게 편드는 것을 이르는 말.

이렇게 써먹자~ **가재는 게 편**이라고, 공부 잘하는 애들은 자기들끼리만 어울리더라.

62 남의 떡이 더 커 보인다

얘 떡이 더 큰 거 같은데….

얘 떡이 더 큰 거 같은데….

두 친구가 가진 떡의 크기가 달라 보여? 똑같은 것 같지 않아? 그런데 두 친구는 서로 자기 것보다 상대방의 떡이 더 커 보이나 봐.

이처럼 내 것보다 다른 사람의 것이 더 좋아 보임을 이르는 말이 '남의 떡이 더 커 보인다'야.

이렇게 써먹자~ 이제 그만 각자 맡은 일을 하자! 몇 번을 바꾸는 거야! **남의 떡이 더 커 보인다**더니, 내가 맡은 일은 더 쉬워 보이는 거지?

63 고슴도치도 제 새끼가 제일 곱다고 한다

우리 아가 털이 제일 보드랍지.

따갑지 않나?

엄마 고슴도치는 아기 고슴도치를 무척 사랑하나 봐. 따가운 털도 보드랍게 느껴진다잖아!

'고슴도치도 제 새끼가 제일 곱다고 한다'는 부모님 눈에는 제 자식이 다 잘나고 귀여워 보인다는 뜻이야.

64
비 고슴도치도 제 새끼는 함함*하다고 한다

** **함함하다:** 털이 보드랍고 반지르르하다.*

이렇게 써먹자~ **고슴도치도 제 새끼가 제일 곱다고 한다**더니, 학예회 때 동생이 실수를 했는데 엄마는 동생이 제일 잘했대.

퀴즈! 퀴즈!

1 다음 그림을 보고, 알맞은 속담을 완성하세요.

(1)

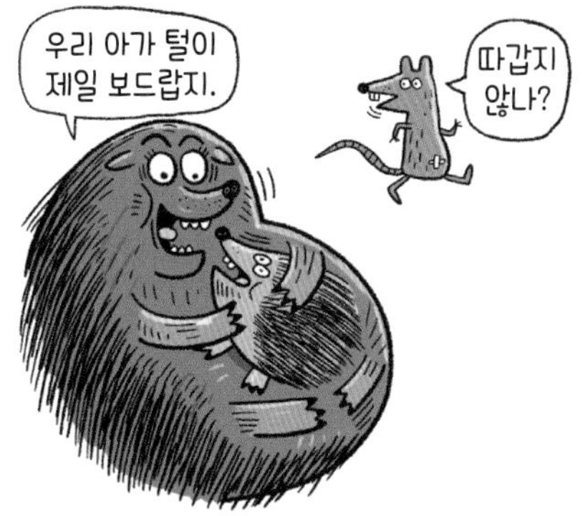
우리 아가 털이
제일 보드랍지.
따갑지
않나?

고슴도치도 제 새끼가

제일 □□ 고 한다

(2)

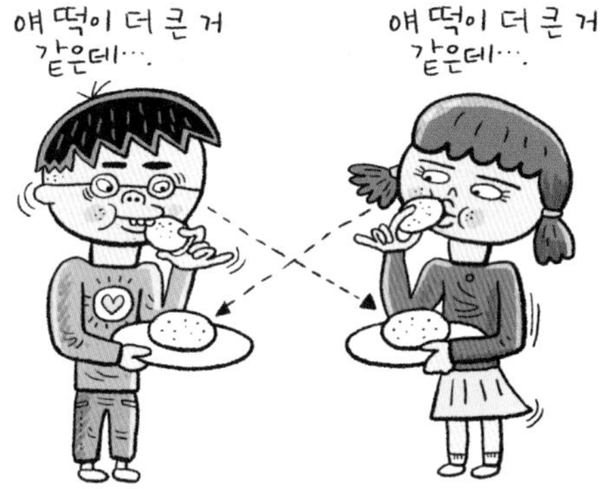
얘 떡이 더 큰 거
같은데….
얘 떡이 더 큰 거
같은데….

남의 떡이 더

□ 보인다

(3)

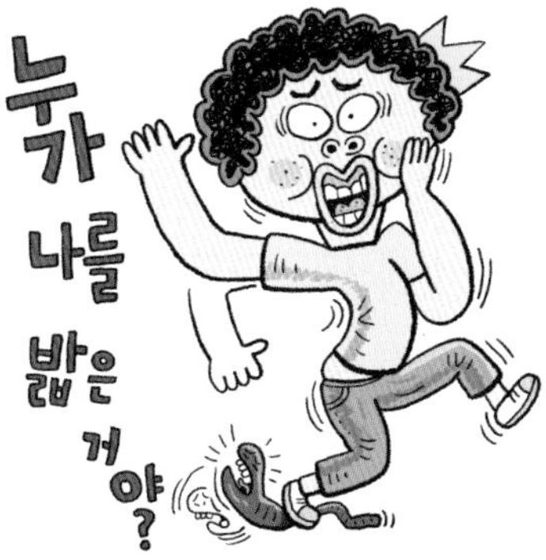
누가
나를
밟은
거야?

지렁이도 밟으면

□□□□

(4)

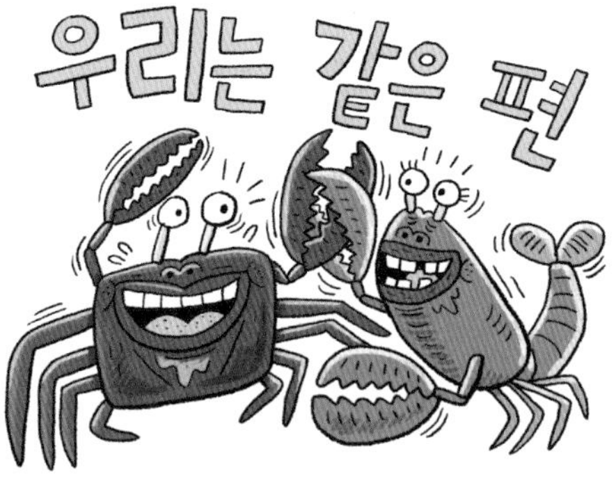
우리는 같은 편

ㄱ ㅈ ㄴ ㄱ ㅍ

➡ ______________________

2 초성 힌트를 보고, 다음 속담의 뜻을 완성하세요.

(1)
> 남의 떡이 더 커 보인다

➡ 내 것보다 다른 사람의 것이 더 | ㅈ | ㅇ | 보임.

(2)
> 고슴도치도 제 새끼가 제일 곱다고 한다

➡ | ㅂ | ㅁ | ㄴ | 눈에는 제 | ㅈ | ㅅ | 이 다 잘나고 귀여워 보임.

(3)
> 가재는 게 편

➡ 모양이나 형편이 | ㅂ | ㅅ | 하고 관련 있는 것끼리 서로 잘 어울리고 감싸 주기 쉬움.

3 속담의 쓰임이 알맞은 칸을 색칠하세요.

❶ 가재는 게 편이라고, 나는 쌍둥이 언니랑 맨날 싸워.	❷ 왜 나는 네가 받은 선물이 더 좋아 보이지? 남의 떡이 더 커 보여서 그런가?	❸ 고슴도치도 제 새끼는 함 함하다고 한다는데, 왜 우리 형은 나만 미워하지?
❹ 동생이 어리다고 얕보면 안 돼. 굼벵이도 밟으면 꿈틀한다고!	❺ 지렁이도 밟으면 꿈틀한다고, 나는 서우가 화를 내는 걸 한 번도 본 적이 없어.	❻ 고슴도치도 제 새끼가 제일 곱다고 한다더니, 엄마는 눈곱이 덕지덕지 낀 내 모습도 예쁘다고 하셔.

1 ㉠에 담긴 '나'의 마음으로 알맞은 것에 ○표 하세요.

> 20○○년 3월 24일 수요일   날씨: 하루 종일 비
>
> 　내가 제일 좋아하는 간식은 찐빵이다. 나는 찐빵이라면 자다가도 벌떡 일어날 만큼 좋아한다. 오늘 엄마가 간식으로 찐빵 두 개를 쪄 주시며 오빠와 하나씩 먹으라고 하셨다. 오빠와 나란히 식탁에 앉아 막 찐빵을 먹으려고 할 때, 친구 재희에게 전화가 걸려 왔다. ㉠<u>고양이한테 생선을 맡기는 것 같다는 생각이 잠시 들었지만,</u> 나는 오빠를 믿고 방으로 들어가 전화를 받았다. 그런데 전화 통화를 끝내고 돌아와 보니 내 찐빵이 없었다. 내가 오빠에게 다그쳐 묻자, 오빠는 배가 고파서 내 것까지 먹어 버렸다고 했다. 너무 화가 났지만 화를 내도 소용없는 일이었다. 앞으로 다시는 오빠에게 내 것을 맡기지 않아야겠다.

(1) '오빠가 내 찐빵을 먹어도 괜찮아.' (　　　　)

(2) '오빠가 내 찐빵까지 다 먹을까 봐 걱정돼.' (　　　　)

(3) '오빠는 내 찐빵을 먹지 않을 거라 안심이 돼.' (　　　　)

2 다음 글에 나타난 의견과 관련 있는 속담은 무엇인가요? (　　　　)

> 　여러분, 2학년이 된 것을 축하해요. 3월이 되면 여러분에게도 1학년 동생들이 생길 거예요. 이제 여러분은 어엿한 언니, 오빠, 형, 누나가 되는 거예요. 여러분이 1학년이었을 때는 학교생활을 처음 해 보는 거라 실수도 했겠지만, 이제 모두 잘 적응했을 거예요. 그러니까 이제는 1학년 동생들에게 좋은 모습을 보여야겠지요? 고운 말을 쓰고 올바른 행동을 해야 해요. 도움이 필요한 동생을 도울 줄도 알아야 하고요. 어때요? 잘할 수 있겠지요? 여러분이 잘해야 1학년 동생들도 여러분의 모습을 보고 배워서 학교생활을 잘할 거예요. 교장 선생님은 여러분을 믿어요!

① 가재는 게 편　　　　　　　　　② 지렁이도 밟으면 꿈틀한다

③ 윗물이 맑아야 아랫물이 맑다　　　④ 똥 묻은 개가 겨 묻은 개 나무란다

⑤ 고슴도치도 제 새끼가 제일 곱다고 한다

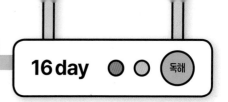

[3~4] 다음 글을 읽고, 물음에 알맞게 답하세요.

> 옛날에 김 씨 성을 가진 나이 많은 *백정이 고기를 팔고 있었다. 하루는 두 양반이 고기를 사러 왔다.
>
> "어이, 백정 놈아. 고기 한 근만 내오너라."
>
> 첫 번째 양반이 먼저 주문하자, 김 씨는 아무 말 없이 고기 한 근을 대충 잘라 주었다.
>
> 두 번째 양반은 자신이 비록 양반이지만 김 씨의 나이가 많았기 때문에 예의를 갖춰 말했다.
>
> "김 서방, 나도 고기 한 근 주시게."
>
> 김 씨는 기분 좋게 대답하며 아까보다 많은 양의 고기를 썰어 내놓았다.
>
> 그러자 첫 번째 양반이 화를 내며 말했다.
>
> "똑같이 고기 한 근을 달라고 했는데, 어째서 이렇게 차이가 많이 나는 게냐?"
>
> "앞의 고기는 백정 놈이 잘랐고, 뒤의 고기는 김 서방이 잘라서 그렇답니다."
>
> 김 씨가 이렇게 말하니 첫 번째 양반은 아무 말도 하지 못했다.
>
> * **백정**: 옛날에 소나 돼지 등의 가축을 잡는 일을 직업으로 하던 사람.

3 이 글의 내용을 바르게 말한 친구의 이름을 쓰세요.

> 다예: 첫 번째 양반이 자기 고기가 더 적다고 오해한 거야. 남의 떡이 더 커 보인 거지.
>
> 이현: 도토리 키 재기라더니, 첫 번째 양반은 김 씨가 백정이라서 말을 곱게 하지 않았어.
>
> 채운: 가는 말이 고와야 오는 말이 곱다고, 첫 번째 양반이 말을 곱게 안 하니까 김 씨도 화가 나서 고기의 양을 더 적게 준 거야.

(   )

4 다음은 이 글을 읽고 한 말입니다. 빈칸에 들어갈 속담으로 알맞은 것에 ○표 하세요.

> "＿＿＿＿＿＿＿＿＿(이라)고, 김 씨는 백정이기 때문에 양반보다 신분이 낮지만 자신을 존중해 주지 않는 말을 들으니까 화가 났을 거야."

(1) 가재는 게 편 (   )   (2) 도토리 키 재기 (   )

(3) 쇠귀에 경 읽기 (   )   (4) 지렁이도 밟으면 꿈틀한다 (   )

오늘의 어휘

65 고래 싸움에 새우 등 터진다

불쌍한 새우! 커다란 고래 두 마리가 싸우는 바람에 아무 죄 없는 새우가 다치고 있네.

'고래 싸움에 새우 등 터진다'는 강한 자들끼리 싸워서 아무 상관도 없는 약한 자가 중간에 끼어 피해를 입게 된다는 뜻이야.

> 66
>
> **반 어부지리**: 두 사람이 서로 다투는 사이에 다른 사람이 힘들이지 않고 이익을 대신 얻음.
>
> └ 漁 고기잡을 어 夫 남편 부 之 갈 지 利 이로울 리

이렇게 써먹자~ 오빠와 동생이 싸우는 바람에 나까지 엄마께 혼이 났어. **고래 싸움에 새우 등 터진 거지.**

67 바늘 가는 데 실 간다

우린 항상 함께야.

웩!

악!

웩...

바늘만 있으면 바느질을 할 수 있나? 아니지. 바느질을 하려면 바늘귀에 실을 끼워야 해. 바늘이 가는 데는 실이 항상 뒤따르지.

이처럼 사람의 긴밀한 관계를 말할 때 '바늘 가는 데 실 간다'라고 해.

*긴밀하다: 서로의 관계가 매우 가까워 빈틈이 없다.

이렇게 써먹자~ 너희 둘 화장실까지 같이 다녀온 거야? 역시 **바늘 가는 데 실 가는구나.**

68 재주는 곰이 넘고 돈은 주인이 받는다

곰 주인

재주는 내가 부리는데.

*재주를 부리며 고생을 하는 건 곰인데 돈을 벌어 이익을 얻는 건 주인이군!

'재주는 곰이 넘고 돈은 주인이 받는다'는 수고하여 일한 사람은 따로 있는데 다른 사람이 이익을 본다는 말이야.

* **재주를 부리다**: 신기한 솜씨나 기술을 보여 주다.

이렇게 써먹자~ **재주는 곰이 넘고 돈은 주인이 받는다더니**, 내가 시험을 잘 봐서 먹게 된 피자인데 나는 갑자기 배탈이 나서 못 먹고 동생만 신나게 먹네.

69 고양이 쥐 생각

조금 이따 잡아먹어야지.

많이 먹으렴.

웬일이지? 고양이가 쥐에게 엄청 잘해 주고 있어. 앗! 속마음은 그게 아니군! 속으로는 쥐를 잡아먹을 생각을 하고 있네.

이렇게 속으로는 해칠 마음을 품고 있으면서, 겉으로는 생각해 주는 척함을 이르는 말이 '고양이 쥐 생각'이야.

이렇게 써먹자~ 너 지금 속으로는 나를 골탕 먹일 생각을 하면서 겉으로만 조심하라고 말하는 거지? **고양이 쥐 생각해** 주고 있네.

1 다음 그림을 보고, 알맞은 속담을 완성하세요.

(1)

바늘 가는 데

_____

(2)

고래 싸움에

새우 등 ☐☐☐

(3)

ㄱ ㅇ ㅇ ㅈ ㅅ ㄱ

➡ _____

(4)

재주는 ☐ 이 넘고

돈은 주인이 받는다

2 세로 열쇠와 가로 열쇠를 보고, 낱말 퍼즐을 완성하세요.

	❶		❸	❹		❺		❼	❽
❷					❻				

세로 열쇠

❶ **고래 싸움에 새우 등 터진다:** 강한 자들끼리 싸워서 아무 상관도 없는 약한 자가 중간에 끼어 ○○를 입게 됨.

❹ **○○하다:** 어떤 것을 자주 보거나 겪어서 낯설지 않고 편하다. 예 2학년은 이제 학교생활이 ○○하다.

❺ **바늘 가는 데 실 간다:** 사람의 ○○한 관계를 이르는 말.

❽ 몸에 상처를 입음. 예 축구 경기를 하다가 다리에 큰 ○○을 입었다.

가로 열쇠

❷ 사건이나 문제, 일 등을 잘 처리해 끝을 냄. 예 문제를 ○○하다.

❸ **재주는 곰이 넘고 돈은 주인이 받는다:** 수고하여 일한 사람은 따로 있는데 다른 사람이 ○○을 봄.

❻ 바닷물이 주기적으로 밀려 들어와서 해수면이 높아지는 현상. 또는 그 바닷물.

❼ **○○지리:** 두 사람이 서로 다투는 사이에 다른 사람이 힘들이지 않고 이익을 대신 얻음.

3 빈칸에 알맞은 말을 고르세요.

(1) 바늘 가는 데 실 간다더니 _____ _____

    | 수지가 오니까 민호도 왔구나. | 지아가 가니까 재석이가 오네. |

(2) 고양이 쥐 생각하지 말고 _____ _____

    | 너 자신을 더 소중하게 여겨. | 진짜 너의 속마음을 말해 봐. |

70 친구 따라 강남 간다

난 이제 강남으로 갈 거야.

나도 너 따라갈래.

강남이 어디지? 여기가 좋은데.

참새는 계절에 따라 이동하지 않고 한곳에서 사는 텃새야. 제비는 계절에 따라 이리저리 옮겨 다니며 사는 철새고. 그런데 제비가 강남으로 간다고 하니까 참새가 따라가겠대.

이처럼 자기는 하고 싶지 않지만 남에게 끌려서 덩달아 하게 됨을 이르는 말이 '친구 따라 강남 간다'야.

이렇게 써먹자~ 친구 따라 강남 간다더니, 너는 게임하는 거 싫어하면서 친구 따라 pc방까지 간 거야?

71 똥 누러 갈 적 마음 다르고 올 적 마음 다르다

제발 휴지 좀 빌려줘.

〈잠시 후〉

괜찮아?

똥 누러 갈 때는 애타게 부탁을 하더니 똥을 다 누고 나니까 언제 그랬냐는 듯 태도가 확 바뀌네.

'똥 누러 갈 적 마음 다르고 올 적 마음 다르다'는 자기 일이 아주 급한 때는 애타게 매달리다가 그 일을 무사히 다 마치고 나면 모른 체하고 지낸다는 말이야.

이렇게 써먹자~ 사탕을 주면 같이 놀아 준다더니, 다 먹고 나니까 모른 척하는 거야? **똥 누러 갈 적 마음 다르고 올 적 마음 다르다는** 말이 맞군.

72 미운 아이 떡 하나 더 준다

미우니까 하나 더!

미운 친구에게 떡을 하나 더 줬어. 잘한 거야! 미운 친구를 구박하고* 퉁명스럽게 대하지 말고 더 잘해 주면 나쁜 마음도 점차 사라지고 친구도 좋게 변할 수 있어.

'미운 아이 떡 하나 더 준다'는 미운 사람일수록 더 잘 대해 주고 나쁜 감정을 쌓지 않아야 한다는 말이야.

*구박하다: 못 견딜 정도로 매우 심하게 괴롭히다.

이렇게 써먹자~ 짝이 자꾸 놀려서 미웠는데, **미운 아이 떡 하나 더 준다는** 마음으로 잘해 줬더니 이제는 안 놀리더라.

73 미꾸라지 한 마리가 온 웅덩이를 흐려 놓는다

앞이 안 보여.

쟤 때문이야.

미꾸라지 한 마리가 흙탕물을 일으켜서 웅덩이의 물을 온통 다 흐리게 만들었군!

'미꾸라지 한 마리가 온 웅덩이를 흐려 놓는다'는 한 사람의 좋지 않은 행동이 여러 사람에게 나쁜 영향을 미친다는 뜻이야.

74
비 일어탁수

┗— 하나 일 魚 물고기 어 濁 흐릴 탁 水 물 수

이렇게 써먹자~ **미꾸라지 한 마리가 온 웅덩이를 흐려 놓는다고,** 너 하나 때문에 우리 반 수업 분위기가 정말 엉망이야!

퀴즈! 퀴즈!

1 다음 그림을 보고, 알맞은 속담을 완성하세요.

(1)

온 웅덩이를 흐려 놓는다

(2)

떡 하나 더 준다

(3)

ㅊㄱ ㄸㄹ ㄱㄴ ㄱㄷ

➡

(4)

똥 누러 갈 적 마음 다르고

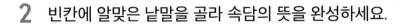

2 빈칸에 알맞은 낱말을 골라 속담의 뜻을 완성하세요.

(1) **친구 따라 강남 간다**

➡ 자기는 하고 싶지 않지만 남에게 끌려서 _____ 하게 됨.

| 가끔 | 우연히 | 본받아 | 덩달아 |

(2) **미운 아이 떡 하나 더 준다**

➡ 미운 사람일수록 더 _____ 대해 주고 나쁜 감정을 쌓지 않아야 함.

| 못 | 잘 | 대충 | 조심히 |

3 다음 칸을 색칠하여 상황에 알맞은 속담을 완성하세요.

(1) 수찬이가 친구들한테 숙제를 하지 말자고 한 거야?　　어. 그래서 대부분 숙제를 안 해 왔어.

| 미운 아이 | 미꾸라지 | 떡 하나 | 한 마리가 | 온 웅덩이를 | 더 준다 | 흐려 놓는다 |

(2) 내가 청소를 도와줬으니까 이제 약속 지켜. 빵 좀 나눠 줘.　　안 돼. 청소했더니 배가 고파졌어. 내가 다 먹을 거야.

| 똥 누러 | 친구 따라 | 갈 적 | 마음 다르고 | 올 적 | 강남 간다 | 마음 다르다 |

[1~3] 다음 글을 읽고, 물음에 알맞게 답하세요.

> 수업이 끝나고 집에 가는데 동호가 내일 서점에 함께 가자고 했다. 서점은 버스를 타고 다섯 정거장 정도 가야 했다. 나는 평소 멀미가 심하기 때문에 가고 싶지 않았다. 그렇지만 동호가 가자고 하니 그냥 가겠다고 대답했다.
>
> "그래, 같이 가자. ㉠바늘 가는 데 실 가야지!"
>
> 나는 집에 와서 엄마께 허락을 받기 위해 말씀드렸다.
>
> "⬛⬛⬛⬛⬛⬛㉡⬛⬛⬛⬛⬛⬛고, 동호가 가자니까 네 사정은 생각도 안 하고 그냥 가겠다고 한 거야? 멀미가 심한데 갈 수 있겠어?"
>
> 엄마는 나를 걱정스럽게 바라보며 말씀하셨다.

1 '나'는 왜 처음에 서점에 가고 싶지 않았는지 쓰세요.

(   )

2 ㉠을 통해 알 수 있는 사실로 알맞은 것의 기호를 쓰세요.

    ㉮ '나'는 동호를 좋아하지 않는다.
    ㉯ '나'와 동호는 매우 친한 사이이다.
    ㉰ '나'는 동호와 함께 있는 것을 어색해한다.

(   )

3 ㉡에 들어갈 속담으로 알맞은 것은 무엇인가요? (   )

    ① 친구 따라 강남 간다
    ② 고래 싸움에 새우 등 터진다
    ③ 재주는 곰이 넘고 돈은 주인이 받는다
    ④ 미꾸라지 한 마리가 온 웅덩이를 흐려 놓는다
    ⑤ 똥 누러 갈 적 마음 다르고 올 적 마음 다르다

4 다음 글에 나오는 ㉠과 ㉡의 관계에 어울리는 속담은 무엇인가요? (   )

> 초콜릿은 우리가 좋아하는 군것질 중 하나예요. 그런데 초콜릿의 달콤함 뒤에는 안타까운 사연이 있어요. 초콜릿을 만들 때 필요한 카카오는 아프리카 지역에서 많이 나는데, 그곳에서는 주로 아이들이 매우 적은 돈을 받고 카카오 따는 일을 해요. ㉠카카오 농장에서 일하는 아이들 중에는 하루 종일 일하느라 학교에 가지 못하는 아이들도 많아요. 하지만 ㉡초콜릿 회사와 농장 주인은 적은 *비용으로 더 많은 카카오를 얻기 위해 아이들에게 알맞은 대우를 해 주지 않아요. 힘들게 일하는 건 아이들인데 이익은 다른 사람들에게 돌아가고 있는 거죠. 그래도 다행인 건 요즘은 그 문제점을 고치려는 노력이 이루어지고 있어요.
>
> *비용: 어떤 일을 하는 데 드는 돈.

① 고양이 쥐 생각   ② 고래 싸움에 새우 등 터진다

③ 숭어가 뛰니까 망둥이도 뛴다   ④ 똥 묻은 개가 겨 묻은 개 나무란다

⑤ 재주는 곰이 넘고 돈은 주인이 받는다

5 다음 글에서 ㉠의 '고래'와 '새우'는 각각 어느 나라에 해당하는지 찾아 쓰세요.

> ㉠고래 싸움에 새우 등 터진다는 말을 들어 보았나요? 옛날 조선이 고래 싸움에 새우 등 터질 뻔한 적이 있어요. 명나라와 청나라가 전쟁을 벌이고 있을 때였어요. 명나라는 조선에 도움을 요청했어요. 당시 조선은 힘이 약했기 때문에 명나라의 요구를 들어주어야 했어요. 하지만 앞으로 청나라의 시대가 올 것이 뻔했어요. 조선이 명나라와 손을 잡았다가 청나라에 *밉보이면 나중에 무사하지 못할 수도 있었지요. 그래서 조선의 군사는 시간을 끌며 명나라를 도와주는 척하다가 청나라에 항복했어요. 덕분에 조선은 명나라와 청나라의 전쟁에 휘말리지 않을 수 있었어요.
>
> *밉보이다: 밉게 보이다.

(1) 고래: (,   )

(2) 새우: (   )

1 속담의 뜻에 알맞은 낱말을 골라 ◯표 하세요.

❶ 소 닭 보듯
서로 (무심하게 , 관심 있게) 보는 모양을 이르는 말.

❷ 열 손가락 깨물어 안 아픈 손가락이 없다
부모는 자식이 아무리 많아도 모두 다 (소중함 , 귀찮음).

❸ 계란으로 바위 치기
맞서 싸워도 도저히 (알 , 이길) 수 없는 경우를 이르는 말.

❹ 미꾸라지 한 마리가 온 웅덩이를 흐려 놓는다
한 사람의 (좋은 , 좋지 않은) 행동이 여러 사람에게 나쁜 영향을 미침.

❺ 고양이 쥐 생각
속으로는 (놀릴 , 해칠) 마음을 품고 있으면서, 겉으로는 생각해 주는 척함.

❻ 고양이한테 생선을 맡기다
어떤 일을 (믿는 , 믿지 못할) 사람에게 맡겨 놓고 마음이 놓이지 않아 걱정함.

❼ 지렁이도 밟으면 꿈틀한다
아무리 지위가 낮거나 순한 사람이라도 너무 (잘해 주면 , 업신여기면) 가만있지 않음.

❽ 사촌이 땅을 사면 배가 아프다
남이 잘되는 것을 기뻐해 주지는 않고 오히려 (무관심한 , 질투하는) 경우를 이르는 말.

❾ 숭어가 뛰니까 망둥이도 뛴다
남이 한다고 하니까 덩달아 나서거나 자기 처지를 모르고 잘난 사람을 덮어놓고 (피함 , 따름).

❿ 호랑이도 제 말 하면 온다
다른 사람에 대해 이야기하는데 공교롭게 그 사람이 (나타나는 , 사라지는) 경우를 이르는 말.

⓫ 먼 사촌보다 가까운 이웃이 낫다
이웃끼리 서로 친하게 지내다 보면 먼 곳에 있는 친척보다 더 친하게 되어 서로 (도우며 , 간섭하며) 살게 됨.

⓬ 똥 누러 갈 적 마음 다르고 올 적 마음 다르다
자기 일이 아주 급한 때는 애타게 매달리다가 그 일을 무사히 다 마치고 나면 (가깝게 , 모른 체하고) 지냄.

2 다음 뜻을 가진 속담을 완성하세요.

❶ 사람의 긴밀한 관계를 이르는 말.

➡ ☐☐ 가는 데 실 간다

❷ 자기는 더 큰 흉이 있으면서 도리어 남의 작은 흉을 봄.

➡ 똥 묻은 개가 ☐ 묻은 개 나무란다

❸ 윗사람이 잘하면 아랫사람도 윗사람을 따라서 잘하게 됨.

➡ ☐☐ 이 맑아야 아랫물이 맑다

❹ 자기는 하고 싶지 않지만 남에게 끌려서 덩달아 하게 됨.

➡ ☐☐ 따라 강남 간다

❺ 수고하여 일한 사람은 따로 있는데 다른 사람이 이익을 봄.

➡ 재주는 곰이 넘고 돈은 ☐☐ 이 받는다

❻ 해 줄 사람은 생각지도 않는데 미리부터 다 된 일로 알고 행동함.

➡ 떡 줄 사람은 ☐ 도 안 꾸는데 김칫국부터 마신다

❼ 내 것보다 다른 사람의 것이 더 좋아 보임.

➡ 남의 ☐ 이 더 커 보인다

❽ 부모님 눈에는 제 자식이 다 잘나고 귀여워 보임.

➡ 고슴도치도 제 ☐☐ 가 제일 곱다고 한다

❾ 미운 사람일수록 더 잘 대해 주고 나쁜 감정을 쌓지 않아야 함.

➡ 미운 아이 ☐ 하나 더 준다

❿ 자기가 남에게 말이나 행동을 좋게 해야 남도 자기에게 좋게 함.

➡ 가는 말이 고와야 ☐☐ 말이 곱다

⓫ 강한 자들끼리 싸워서 아무 상관도 없는 약한 자가 중간에 끼어 피해를 입게 됨.

➡ ☐☐ 싸움에 새우 등 터진다

⓬ 모양이나 형편이 비슷하고 관련 있는 것끼리 서로 잘 어울리고 감싸 주기 쉬움.

➡ 가재는 ☐ 편

됨됨이

됨됨이는 어떠한 사람의 행동과 성격, 인격, 성품을 말해.
사람으로서 해야 할 일과 하지 말아야 할 일을 딱딱 구분하고
남에게 존경받을 만하게 행동할 때 됨됨이가 훌륭하다고 말하지.
이번 장에서는 됨됨이와 관련된 속담을 알아볼까?

● 학습 계획표 ●

공부한 날		학습 내용	확인
21 day	/	오늘의 어휘 75 ~ 81	
22 day	/	오늘의 어휘 82 ~ 88	
23 day	/	어휘 먹고, 독해 먹고	
24 day	/	오늘의 어휘 89 ~ 92	
25 day	/	오늘의 어휘 93 ~ 98	
26 day	/	어휘 먹고, 독해 먹고	
27 day	/	오늘의 어휘 99 ~ 105	
28 day	/	오늘의 어휘 106 ~ 111	
29 day	/	어휘 먹고, 독해 먹고	
30 day	/	척 하면 착! 속담 총정리	

오늘의 어휘

바늘 도둑이 소도둑 된다

처음 바늘을 훔쳤을 때 잘못을 깨닫고 그만뒀어야지! 훔치는 일을 반복하다 보니까 결국 소까지 훔치게 됐잖아.

'바늘 도둑이 소도둑 된다'는 작은 나쁜 짓도 자꾸 하게 되면 큰 죄를 저지르게 된다는 뜻이야.

76
비 바늘 상자에서 도둑이 난다

이렇게 써먹자~ **바늘 도둑이 소도둑 된다고** 했어. 아무리 작은 구슬이라도 훔치면 안 돼. 이깟 구슬 하고 넘어가면 다음엔 더 큰 걸 훔치게 될 수도 있어.

77
믿는 도끼에 발등 찍힌다

믿었던 도끼인데…

도끼에 발등을 찍혀서 엄청 아프겠군! 늘 사용하던 도끼라 익숙하기 때문에 다칠 거라고 생각하지 못했는데 상처를 입고 말았어.

'믿는 도끼에 발등 찍힌다'는 잘될 거라고 생각했던 일이 잘되지 않거나 믿었던 사람이 *배신하여 오히려 해를 입음을 이르는 말이야.

＊**배신하다**: 상대방의 믿음과 의리를 저버리다.

이렇게 써먹자~ 네 비밀을 짝꿍에게 다 털어놓지 마. **믿는 도끼에 발등 찍힌다고** 했어. 아무리 짝꿍이 믿을 만해도 다른 친구에게 말할 수 있잖아.

78 못 먹는 감 찔러나 본다

남의 집 담장 안에 있는 감은 어차피 못 먹으니까 그냥 두면 될 걸! 남도 못 먹게 콕콕 찌르고 있네.

'못 먹는 감 찔러나 본다'는 이런 못된 마음을 표현하는 말이야. 자기 것으로 만들지 못할 바에야 남도 갖지 못하게 일부러 망가뜨리는 못된 마음을 뜻해.

79 비 못 먹는 밥에 *재 집어넣기

*재: 불에 타고 남는 가루 모양의 물질.

이렇게 써먹자~ **못 먹는 감 찔러나 본다**더니, 배가 아파서 못 먹으면 그냥 둘 것이지 남도 못 먹게 빵에 침을 묻혀 놨네.

80 뛰는 놈 위에 나는 놈 있다

표범은 자기가 제일 빠르다고 잘난 척하지만 하늘을 나는 독수리를 따라잡을 수는 없지. 뛰는 표범 위에 나는 독수리가 있는 거야.

이처럼 아무리 어떤 것에 뛰어나도 더 뛰어난 사람이 있으니 잘난 체하지 말라는 것을 말할 때 '뛰는 놈 위에 나는 놈 있다'라고 해.

81 비 나는 놈 위에 타는 놈 있다

이렇게 써먹자~ **뛰는 놈 위에 나는 놈 있으니까** 잘난 척하지 마. 네가 우리 반에서 팔 굽혀 펴기를 제일 잘하는 줄 알지만 옆 반 민아는 너보다 더 잘해.

퀴즈! 퀴즈!

1 다음 그림을 보고, 알맞은 속담을 완성하세요.

(1)

내가 못 먹으니까 남도 못 먹게 해야지.

못 먹는 감

_____

(2)

바늘 도둑이

| | | | 된다

(3)

쟤가 더 빠른데.

내가 제일 빨라.

뛰는 놈 위에

| | | | 있다

(4)

믿었던 도끼인데···

_____

발등 찍힌다

2 초성 힌트를 보고, 다음 속담의 뜻을 완성하세요.

(1)
> **바늘 도둑이 소도둑 된다**

➡ | ㅈ | ㅇ | 나쁜 짓도 자꾸 하게 되면 | ㅋ | 죄를 저지르게 됨.

(2)
> **뛰는 놈 위에 나는 놈 있다**

➡ 아무리 어떤 것에 뛰어나도 더 뛰어난 사람이 있으니 | ㅈ | ㄴ | | ㅊ | 하지 말라는 말.

3 다음 상황에 알맞은 속담을 찾아 선으로 이으세요.

(1) 내가 10년 동안 키운 고양이가 나를 물었어. •

(2) 네가 축구를 못 한다고 우리까지 못 하게 공을 가져가면 어떡해! •

(3) 내가 바둑을 제일 잘 두는 줄 알았는데 사촌 동생이 더 잘 두더라. •

(4) 작은 거짓말을 계속하다가 남에게 큰 해를 입히는 거짓말까지 하게 됐어. •

• ㉮ 못 먹는 감 찔러나 본다

• ㉯ 믿는 도끼에 발등 찍힌다

• ㉰ 바늘 도둑이 소도둑 된다

• ㉱ 뛰는 놈 위에 나는 놈 있다

오늘의 어휘

82 누워서 침 뱉기

누워서 침을 뱉으면 어떡해! 그 침이 자기 얼굴에 떨어질 걸 몰랐나? 자기가 피해를 입게 될 행동을 하는 거잖아.

이럴 때 '누워서 침 뱉기'라고 해. 자기에게 해가 되어 돌아올 짓을 하는 것을 말해.

83
비 자기 얼굴에 침 뱉기

이렇게 써먹자~ 친구한테 누나 흉을 보는 건 **누워서 침 뱉기**야.

84 내 코가 *석 자

> 미안. 내 코 먼저!

동생이 코를 흘리고 있어서 닦아 주면 좋겠지만, 오빠는 더 심하게 코를 흘리고 있어서 그럴 수 없군!

이처럼 내 사정이 급하고 어려워서 남을 돌볼 여유가 없음을 이를 때 '내 코가 석 자'라고 해.

＊석 자: 약 90센티미터를 말함.

85
비 오비삼척
└ 吾 나 오 鼻 코 비 三 석 삼 尺 자 척

이렇게 써먹자~ 난 너의 숙제를 도와줄 시간이 없어. 나도 아직 숙제를 다 못 했거든. **내 코가 석 자**야.

86 입에 쓴 약이 병을 고친다

몸이 아플 때 먹는 약은 입에 쓰지만 병을 고쳐 줘. 다른 사람이 나를 위해 해 주는 말도 마찬가지야.

'입에 쓴 약이 병을 고친다'는 자기에 대한 충고나 비판이 당장은 듣기에 좋지 않지만 그것을 받아들이면 큰 도움이 된다는 뜻이야.

87
비 **양약고구**: 좋은 약은 입에 씀.

良 어질 양 藥 약 약 苦 쓸 고 口 입 구

이렇게 써먹자~ **입에 쓴 약이 병을 고친다잖니.** 아빠 말이 당장은 듣기 싫겠지만 잘 새겨들으면 네가 더 훌륭한 사람이 되는 데 도움이 될 거야.

88 물에 빠진 놈 건져 놓으니까 내 봇짐 내라 한다

물에 빠져서 죽을 뻔한 걸 구해 줬는데 자기 가방을 내놓으라고 생떼를 부리고 있네. 고맙다고 인사부터 해야 하는 거 아니야?

'물에 빠진 놈 건져 놓으니까 내 봇짐 내라 한다'는 남에게 도움을 받고도 그 고마움을 모르고 생트집을 잡는다는 말이야.

* **봇짐**: 등에 지기 위해 물건을 보자기에 싸서 꾸린 짐.
* **생트집**: 별로 문제가 되지 않는 것을 드러내서 이유 없이 불평을 하거나 말썽을 부림.

이렇게 써먹자~ **물에 빠진 놈 건져 놓으니까 내 봇짐 내라 한다더니,** 기껏 미술 숙제를 도와줬는데 선이 살짝 비뚤다고 불평하는 거야?

퀴즈! 퀴즈!

1 다음 그림을 보고, 알맞은 속담을 완성하세요.

(1)

ㄴ ㅋ ㄱ ㅅ ㅈ

➡ _____

(2)

입에 ☐ ☐ 이
병을 고친다

(3)

물에 빠진 놈 건져 놓으니까

내 ☐ ☐ 내라 한다

(4)

ㄴ ㅇ ㅅ ㅊ ㅂ ㄱ

➡ _____

2 글자 카드를 이용하여 친구가 낸 문제의 답을 완성하세요.

| 여 | 약 | 고 | 유 |

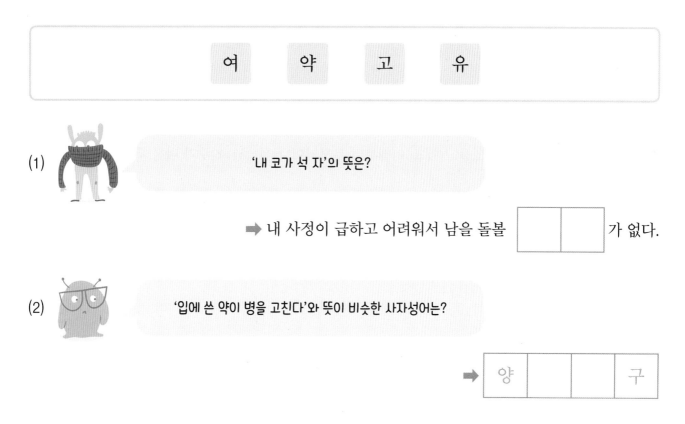

(1) '내 코가 석 자'의 뜻은?

➡ 내 사정이 급하고 어려워서 남을 돌볼 ☐☐ 가 없다.

(2) '입에 쓴 약이 병을 고친다'와 뜻이 비슷한 사자성어는?

➡ | 양 | | | 구 |

3 밑줄 친 말의 쓰임이 알맞은 칸을 색칠하세요.

❶ 담임 선생님은 평소에 칭찬을 많이 해 주셔서 참 좋아. 양약고구지.	❷ 우리 삼촌은 천문학자라서 별자리 이름을 알아맞히는 건 누워서 침 뱉기야.	❸ 오비삼척이라고, 지금은 내가 도움을 받아야 할 상황이라서 불우 이웃 돕기를 할 수가 없어.
❹ 맞는 옷이 하나도 없네. 엄마 말씀을 듣고 다이어트 좀 할걸! 입에 쓴 약이 병을 고친다고 했는데…….	❺ 동생은 이미 점심을 먹었고 나는 점심도 못 먹었지만 동생에게 빵을 양보했어. 내 코가 석 자니까!	❻ 물에 빠진 놈 건져 놓으니까 내 봇짐 내라 한다더니, 춥다고 해서 옷을 벗어 줬는데 무겁다고 난리네.

1 다음 글의 내용과 관련 있는 속담은 무엇인가요? (   )

> 우리는 남이 날 위해서 해 주는 말을 듣고 싶어 하지 않을 때가 있어요. 엄마가 공부해라, 이 닦아라 하는 말이 잔소리처럼 느껴지지요. 또 친구가 나를 걱정하며 한 충고는 잘난 척하는 말로 들리기도 하고요. 그래서 이런 말을 들으면 기분이 조금 나쁘기도 해요. 하지만 좋은 마음으로 받아들이면 나에게 도움이 돼요. 내가 무엇이 부족한지 인정하고 더 나아지기 위해 노력하면 나는 어제보다 더 나은 사람이 되어 있을 거예요. 이제부터 부모님이나 선생님, 친구가 나를 위해 해 주는 말을 귀담아 들어 보세요.

① 누워서 침 뱉기
② 바늘 도둑이 소도둑 된다
③ 입에 쓴 약이 병을 고친다
④ 뛰는 놈 위에 나는 놈 있다
⑤ 물에 빠진 놈 건져 놓으니까 내 봇짐 내라 한다

2 윤석이가 ㉠과 같이 말한 까닭으로 알맞은 것에 ○표 하세요.

> 내가 제일 좋아하는 음식은 떡볶이다. 그런데 어제 학교 옆에 새 분식집이 문을 열었다. 나는 그 집 떡볶이 맛이 궁금해서 나처럼 떡볶이를 좋아하는 윤석이에게 함께 먹으러 가자고 했다.
> 우리는 자리에 앉자마자 떡볶이 2인분을 시켰다. 떡볶이는 무척 맛있었지만 살짝 매콤했다. 나는 떡볶이 한 입 먹고 물 한 모금 마시면서 열심히 떡볶이를 먹었다. 떡볶이가 너무 맛있어서 멈출 수 없었다. 그러다 어느새 컵에 따라 놓은 물을 다 마셔 버렸다. 그래서 윤석이한테 윤석이 컵에 있는 물을 먹어도 되냐고 물어보았다. 그러자 윤석이는 빨개진 얼굴로 말했다.
> ㉠"내 코가 석 자야."

(1) 윤석이도 떡볶이가 매워서 물을 마셔야 하기 때문에 (   )
(2) 윤석이는 떡볶이가 너무 맛있어서 말을 할 겨를이 없기 때문에 (   )
(3) 윤석이는 떡볶이가 너무 맛이 없어서 떡볶이를 먹으러 오자고 말한 '나'에게 화가 났기 때문에

(   )

[3~5] 다음 글을 읽고, 물음에 알맞게 답하세요.

다밧과 스맛은 둘도 없이 친한 사이였어요. 둘 다 비슷한 시기에 아들을 낳아서 행복한 시간을 보내고 있었지요. 그러던 어느 날 스맛의 아기가 죽자, 스맛은 다밧의 아기를 몰래 데려왔어요. 다음 날 다밧이 그 사실을 알고 아기를 돌려 달라고 했지만, 스맛은 자신의 아기라고 우겼어요. 다밧은 화가 나서 소리 쳤어요.

"⟨   ㉠   ⟩더니, 네가 어떻게 나한테 이럴 수 있어!"

둘은 솔로몬을 찾아가서 둘 사이에 있었던 일을 설명했어요. 그러자 솔로몬이 말했어요.

"방법이 없구나. ㉡아기를 반으로 잘라 나눠 가져라."

스맛은 잠시 생각하더니 좋다고 했어요. 그러나 다밧은 깜짝 놀라며 그 아기는 자기의 아들이 아니라고 했어요. 그 말을 들은 솔로몬이 말했어요.

"그 아기는 다밧의 아기구나. 스맛의 아기였다면 스맛이 아기를 다치게 두진 않았을 것이다."

3 다밧과 스맛은 무엇을 두고 서로 다투었는지 쓰세요.

(   )

4 ㉠에 들어갈 속담으로 알맞은 것은 무엇인가요? (   )

① 친구 따라 강남 간다
② 바늘 가는 데 실 간다
③ 믿는 도끼에 발등 찍힌다
④ 바늘 도둑이 소도둑 된다
⑤ 뛰는 놈 위에 나는 놈 있다

5 다음은 스맛이 ㉡을 듣고 생각한 것입니다. 빈칸에 들어갈 말로 알맞은 것에 ○표 하세요.

'못 먹는 감 찔러나 봐야지. ⟨   ⟩'

(1) 내가 아기를 꼭 데려갈 거야. (   )

(2) 아기와 다밧에게 정말 미안해. (   )

(3) 내가 못 가지면 다밧도 못 가지게 할 거야. (   )

오늘의 어휘

89 병 주고 약 준다

친구에게 일부러 감기를 옮겼으면서 위해 주는 척 하며 약을 줬어. 자기가 해를 입혀 놓고 도움을 주는 척하는 거지.

이런 행동을 '병 주고 약 준다'라고 해. *교활하고 *음흉한 사람의 행동을 이르는 말이야.

* **교활하다**: 간사하고 나쁜 꾀가 많다.
* **음흉하다**: 겉과 다르게 속으로 엉큼하고 흉악하다.

이렇게 써먹자~ 그네를 먼저 타려고 나를 밀어서 다치게 했으면서 내가 우니까 부축해 주는 거야? **병 주고 약 주는군.**

90 참새가 *방앗간을 그저 지나랴

내가 좋아하는 쌀~

방앗간은 곡식을 찧거나 빻는 곳이어서 바닥에 쌀이나 보리가 많이 떨어져 있어. 곡식 알갱이를 좋아하는 참새가 이런 곳을 그냥 지나치기는 힘들겠지?

'참새가 방앗간을 그저 지나랴'는 자기가 좋아하거나 자기에게 이익이 되는 일을 보고 그냥 지나가지 못한다는 뜻이야.

* **방앗간**: 방아로 곡식이나 고추 등을 찧거나 빻는 가게.

이렇게 써먹자~ 얘들아, 우리 아이스크림 먹고 가자. 내가 좋아하는 아이스크림을 그냥 지나칠 수 없지. **참새가 방앗간을 그저 지나가겠니!**

91 불난 집에 부채질한다

부채질을 하면 더 잘 타니까 그만해.

불이 난 곳에 부채질을 하면 더 활활 잘 타. 그러니까 아이가 한 행동은 도움이 되는 게 아니라 상황을 더 곤란하게 만드는 거야.

'불난 집에 부채질한다'는 이런 경우에 사용해. 남의 *재앙을 점점 더 커지도록 만들거나 화난 사람을 더욱 화나게 한다는 말이야.

* **재앙**: 뜻하지 않게 생긴 불행한 사고 또는 천재지변으로 인한 불행한 사고.

이렇게 써먹자~ 나는 영화를 보러 가지 못해서 엄청 속상한데, 너는 내 앞에서 영화 보러 간다고 자랑하는 거야? **불난 집에 부채질하는구나.**

92 간에 붙었다 쓸개에 붙었다 한다

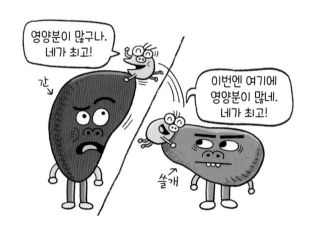

영양분이 많구나. 네가 최고!

이번엔 여기에 영양분이 많네. 네가 최고!

간

쓸개

간과 쓸개는 우리 몸의 소화를 돕는 중요한 기관이야. 그런데 기생충이 몸속에 들어오면 영양분을 빨아먹기 위해 간에 붙었다 쓸개에 붙었다 한대. 자기에게 좋은 쪽으로 *약삭빠르게 행동하는 거지.

이럴 때 '간에 붙었다 쓸개에 붙었다 한다'고 해. 자기에게 이익이 되도록 이편에 붙었다 저편에 붙었다 한다는 뜻이야.

* **약삭빠르다**: 눈치가 빠르거나 자기의 이익을 챙기는 것이 빠르다.

이렇게 써먹자~ **간에 붙었다 쓸개에 붙었다 한다더니,** 내가 사탕 가지고 있을 때는 나랑 친한 척하고, 미소가 과자 가지고 있을 때는 미소랑 친한 척하네.

1 다음 그림을 보고, 알맞은 속담을 완성하세요.

(1)

내가 좋아하는 쌀~

방앗간

참새가 ☐☐☐ 을
그저 지나랴

(2)

ㅂ ㅈ ㄱ ㅇ ㅈ ㄷ

→ _____

(3)

네가 최고!

간

네가 최고!

쓸개

쓸개에 붙었다 한다

(4)

불난 집에

☐☐☐ 한다

2 빈칸에 들어갈 글자를 차례대로 이으면 어떤 낱말이 되는지 쓰세요.

병 주고 약 준다
☐ 활 하고 음흉한 사람의 행동을 이르는 말.

불난 집에 부채질한다
남의 ☐ 양 을 점점 더 커지도록 만들거나 화난 사람을 더욱 화나게 함.

(   )

3 다음 사다리를 따라가 속담에 어울리는 상황이면 ○표, 어울리는 상황이 <u>아니면</u> ✕표 하세요.

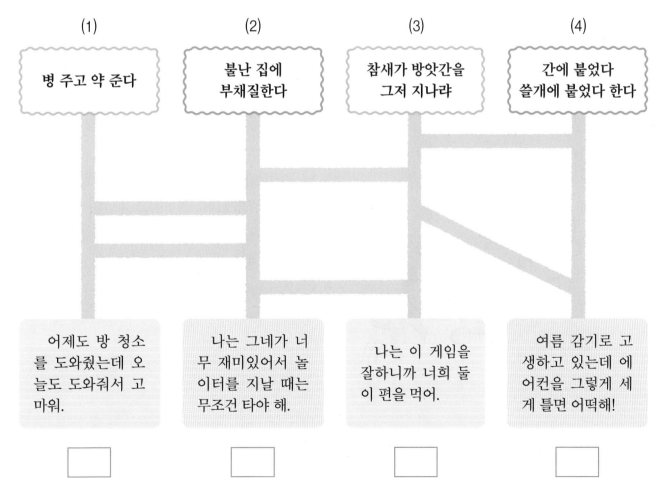

(1) 병 주고 약 준다

(2) 불난 집에 부채질한다

(3) 참새가 방앗간을 그저 지나랴

(4) 간에 붙었다 쓸개에 붙었다 한다

어제도 방 청소를 도와줬는데 오늘도 도와줘서 고마워.

나는 그네가 너무 재미있어서 놀이터를 지날 때는 무조건 타야 해.

나는 이 게임을 잘하니까 너희 둘이 편을 먹어.

여름 감기로 고생하고 있는데 에어컨을 그렇게 세게 틀면 어떡해!

☐   ☐   ☐   ☐

오늘의 어휘

93 오르지 못할 나무는 쳐다보지도 마라

나무가 너무 높아서 아이가 오르기는 힘들 것 같아. 자기가 해낼 수 없는 일에 지나치게 욕심을 부릴 필요가 있을까?

이럴 때 필요한 말이 '오르지 못할 나무는 쳐다보지도 마라'야. 자기의 능력으로 할 수 없는 일에 대해서는 처음부터 욕심을 내지 않는 것이 좋다는 말이야.

이렇게 써먹자~ 네가 수영을 해서 이 호수를 건너겠다고? 네 수영 실력으로는 힘들어. 그러니까 **오르지 못할 나무는 쳐다보지도 마라.**

94 다 된 죽에 코 풀기

아빠가 이제 막 끓여 놓은 죽에 코를 풀어 버렸어. 으악! 못 먹겠다!

이처럼 거의 다 된 일을 망쳐 버리는 *주책없는 행동을 말할 때 '다 된 죽에 코 풀기'라고 해. 남의 다 된 일을 나쁜 방법으로 방해하는 것을 뜻하기도 해.

* **주책없다**: 일정한 의견이나 주장이 없이 이랬다저랬다 하여 몹시 실없다.

95 | 비 | 잘되는 밥 가마에 재를 넣는다

이렇게 써먹자~ 이제 구름만 칠하면 끝인데, 모르고 빨간색 물감이 묻어 있는 붓으로 칠해서 그림을 망쳤어. **다 된 죽에 코 푼 거지.**

96 원님 덕에 나팔 분다

맨 앞에서 나팔(나발) 부는 사람 보이지? 마을에 새로 온 원님 덕분에 평소에 불지 못하는 나팔을 불고 좋은 대접도 받고 있네.

'원님 덕에 나팔 분다'는 남의 덕으로 맞지 않는 행세를 하게 되거나 그런 대접을 받고 우쭐대는 모양을 이르는 말로 쓰여.

97 비 **호가호위**: 남의 힘을 빌려 위세를 부림.

狐 여우 호 假 거짓 가 虎 범 호 威 위엄 위

이렇게 써먹자~ 내가 상을 받은 덕분에 네가 오늘 이렇게 맛있는 뷔페를 먹는 거야. **원님 덕에 나팔 분 거라고.**

98 남의 잔치에 감 놓아라 배 놓아라 한다

친구의 생일잔치에 가서 감을 놓아라 배를 놓아라 하며 *참견을 하고 있네. 친구는 이런 행동이 불편하게 느껴질 수도 있겠지?

'남의 잔치에 감 놓아라 배 놓아라 한다'는 남의 일에 쓸데없이 참견한다는 뜻이야.

*참견: 자기와 관계가 없는 일에 끼어들어 나서거나 말함.

이렇게 써먹자~ 내 숙제니까 내가 알아서 할게. 그만 참견해. **남의 잔치에 감 놓아라 배 놓아라 하지 말라고.**

1 다음 그림을 보고, 알맞은 속담을 완성하세요.

(1)

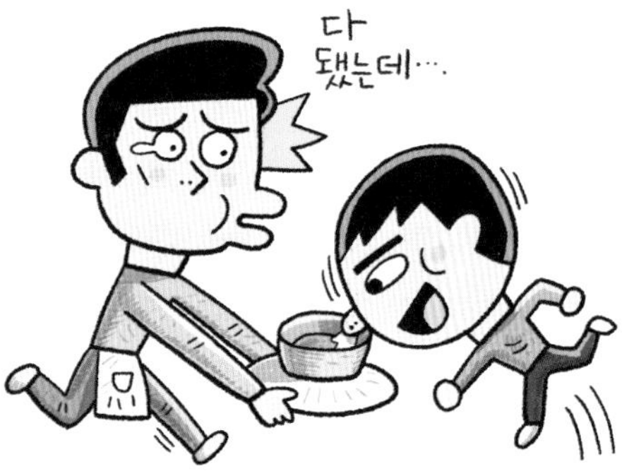

다 됐는데….

ㄷ ㄷ ㅈㅇ ㅋ ㅍㄱ

➡ _____

(2)

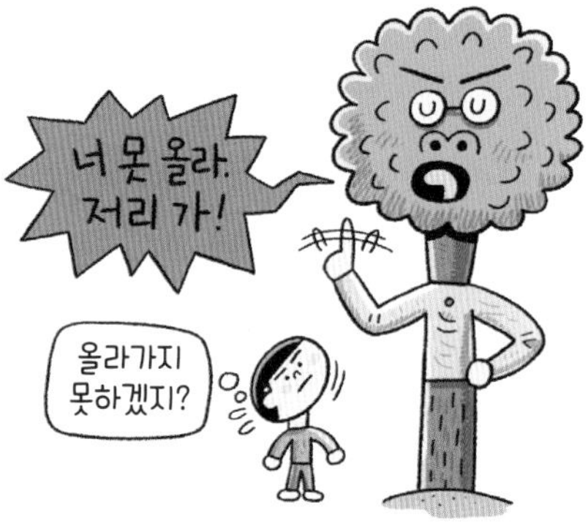

너 못 올라. 저리 가!

올라가지 못하겠지?

오르지 못할 나무는

_____

(3)

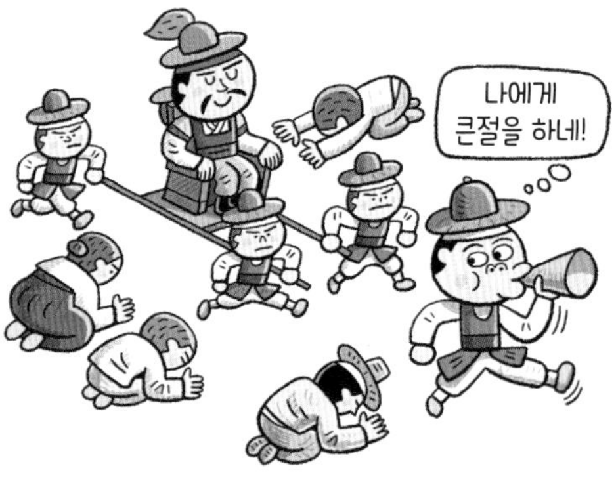

나에게 큰절을 하네!

원님 덕에

□ □ 분다

(4)

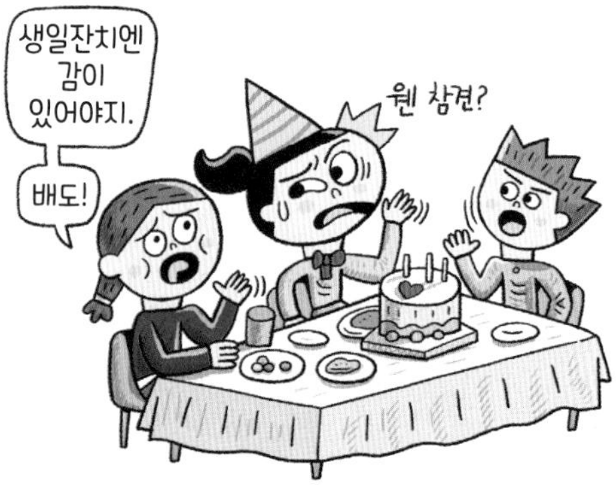

생일잔치엔 감이 있어야지.

배도!

웬 참견?

_____

감 놓아라 배 놓아라 한다

2 가로 열쇠, 세로 열쇠를 보고 낱말 퍼즐을 완성하세요.

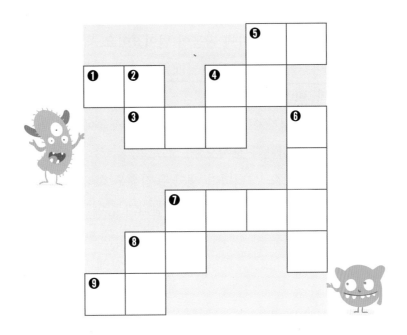

가로 열쇠

❶ **남의 잔치에 감 놓아라 배 놓아라 한다:** 남의 일에 쓸데없이 ○○함.

❸ 학생의 아버지나 어머니. 예 ○○○ 공개 수업이 있는 날이다.

❹ 기계나 장치 등이 제대로 작동하지 않음. 예 냉장고가 ○○ 났다.

❺ **다 된 죽에 코 풀기:** 거의 다 된 일을 망쳐 버리는 ○○없는 행동을 이르는 말.

❼ '원님 덕에 나팔 분다'와 뜻이 비슷한 사자성어. ㅎㄱㅎㅇ

❽ 말이나 글, 기호 등이 나타내는 뜻. 예 낱말의 ○○를 찾아보았다.

❾ **오르지 못할 나무는 쳐다보지도 마라:** 자기의 능력으로 할 수 없는 일에 대해서는 처음부터 ○○을 내지 않는 것이 좋음.

세로 열쇠

❷ 어떤 일과 관련된 곳을 직접 찾아가서 보고 배움. 예 방송국을 ○○했다.

❹ 아버지의 누나나 여동생을 이르거나 부르는 말.

❺ 자신의 의견이나 주의를 굳게 내세움. 또는 그런 의견이나 주의. 예 나는 물을 아껴 쓰자고 ○○했다.

❻ 지구와 같은 행성 둘레를 돌면서 관찰할 수 있도록 로켓을 이용하여 쏘아 올린 물체.

❼ ○○로 막을 것을 가래로 막는다: 빨리 했으면 쉽게 해결했을 일을 그냥 두었다가 나중에 큰 힘을 들이게 된 경우를 이르는 말.

❽ 확실히 알 수 없어서 믿지 못하는 마음. 예 엄마는 내 말을 믿지 못하고 ○○했다.

1 다음 글에 나오는 박쥐의 행동과 관련 있는 속담은 무엇인가요? (   )

> 먼 옛날 새와 네발 달린 들짐승 사이에 싸움이 벌어졌어요. 박쥐는 처음에 구경만 했지요. 그러다 들짐승이 이겨서 새들이 도망치자, 박쥐는 날개를 접고 들짐승들을 찾아가 말했어요.
>
> "나는 당신들 편이오. 자, 이 발톱을 보시오."
>
> 그런데 두 번째 싸움에서는 새가 이겼어요. 박쥐는 얼른 새들에게 갔어요.
>
> "나는 당신들 편이오. 자, 이 날개를 보시오."
>
> 그 뒤로도 싸움은 계속되었어요. 그러다가 새와 들짐승은 화해를 했어요. 박쥐는 창피해서 돌아다닐 수 없었어요. 그래서 그때부터 동굴 속에 숨어 살다가 밤에만 나와 활동하게 되었어요.

① 병 주고 약 준다
② 불난 집에 부채질한다
③ 공든 탑이 무너지랴
④ 참새가 방앗간을 그저 지나랴
⑤ 간에 붙었다 쓸개에 붙었다 한다

2 ㉠에 담긴 허준의 생각으로 알맞은 것에 ○표 하세요.

> 허준은 어렸을 때부터 똑똑했어요. 허준의 방에서는 늘 책 읽는 소리가 났지요. 하지만 허준은 양반인 아버지와 신분이 낮은 어머니 사이에서 태어난 서자였기 때문에 자신의 뜻을 펼치기가 쉽지 않았어요. 과거 시험에 합격한다 해도 높은 벼슬에 오르기는 힘들었지요.
>
> '나도 과거 시험에 합격해서 나랏일을 하고 싶은데……. 아, ㉠오르지 못할 나무는 처다보지 말라고 했던가.'
>
> 허준은 자신의 처지가 안타까웠어요. 하지만 희망을 버리지 않았어요.
>
> "서자여도 할 수 있는 일이 있을 거야!"
>
> 허준은 공부를 게을리하지 않았어요. 그리고 마침내 의원이 되기로 결심했어요.

(1) '공부를 열심히 해야 하니까 나무에 오르고 싶어도 참아야겠지?' (   )

(2) '내가 비록 서자이지만 열심히 노력하면 나랏일을 할 수 있을 거야.' (   )

(3) '어차피 서자는 벼슬을 하기 어려우니까 욕심을 부리지 않는 게 나을까?' (   )

[3~5] 다음 글을 읽고, 물음에 알맞게 답하세요.

> 우리 동네에 도자기 공방이 새로 생겨서 동생과 함께 도자기 만들기 체험을 하러 갔다. 가는 길에 동생이 붕어빵을 팔고 계신 아주머니를 보고 말했다.
>
> "참새가 방앗간을 그냥 지날 수 없지!"
>
> 우리는 붕어빵을 하나씩 사 먹고, 내 주머니에 있던 껌도 사이좋게 하나씩 나누어 씹었다.
>
> 공방에 도착하자 선생님께서 반갑게 맞아 주셨다. 우리는 선생님의 설명을 듣고 도자기를 만들기 시작했다. 동생은 만드는 내내 나에게 감 놓아라 배 놓아라 했다. 나는 듣는 둥 마는 둥 하며 도자기를 만드는 데 집중했다. 도자기가 막 완성됐을 때, 갑자기 재채기가 나왔다. 그러면서 입 안에 있던 껌이 튀어나와 도자기에 붙어 버렸다. 동생은 뭐가 그리 재미있는지 낄낄대며 웃었다. 멋진 무늬가 됐다며 놀리기까지 했다. 나는 화가 나는 것을 꾹 참으며 조심히 껌을 떼어 내려고 했다. 그때 갑자기 공방에서 기르는 고양이가 나타나 내 옆을 지나갔다. 나는 깜짝 놀라 도자기를 손으로 세게 쳤다. 아뿔싸! 도자기의 한쪽 면이 찌그러졌다. 나는 너무 속상해서 울고 싶었다.

3 '나'와 동생은 어떤 체험을 하러 갔는지 쓰세요.

(   )

4 이 글의 내용으로 알맞으면 ○표, 알맞지 않으면 ✕표 하세요.

(1) 동생은 붕어빵을 좋아하지 않는다. (   )

(2) '나'와 동생은 평소 사이가 좋지 않다. (   )

(3) 동생은 '내'가 도자기를 만들 때 이런저런 참견을 했다. (   )

5 이 글을 읽고 말한 내용이 알맞지 않은 친구의 이름을 쓰세요.

> 도준: '나'는 고양이가 갑자기 나타나서 원님 덕에 나팔 불 수 있었어.
>
> 리아: 동생이 '나'의 도자기에 붙은 껌을 보고 놀린 건 불난 집에 부채질하는 거야.
>
> 윤호: 다 된 죽에 코 풀기라고, '나'는 재채기를 하는 바람에 다 만든 도자기를 망쳤어.

(   )

오늘의 어휘

99 낮말은 새가 듣고 밤말은 쥐가 듣는다

아무리 비밀스럽게 말하면 뭐 해! 낮에도 밤에도 누군가 듣고 있는데. 아무도 모르게 한 말도 퍼져 나갈 수 있어.

'낮말은 새가 듣고 밤말은 쥐가 듣는다'는 아무리 비밀스럽게 말해도 남의 귀에 들어가게 되므로 말조심을 해야 한다는 말이야.

100
비 발 없는 말이 천 리 간다

이렇게 써먹자~ 어제 우리 둘이 몰래 한 얘기를 수정이가 어떻게 알고 있는 거지? **낮말은 새가 듣고 밤말은 쥐가 듣는다더니!**

101 벼 *이삭은 익을수록 고개를 숙인다

벼는 이삭이 익으면 무거워져서 고개를 푹 숙여. 마치 공손하게 인사하는 것처럼. 잘 익은 이삭을 자랑할 만도 한데 뽐내지 않고 겸손하게 행동하는 것 같지?

지식이 뛰어나고 훌륭한 사람일수록 겸손하다는 것을 말할 때 '벼 이삭은 익을수록 고개를 숙인다'라고 해.

* **이삭**: 벼나 보리 등의 곡식에서, 꽃이 피고 열매가 열리는 부분.

이렇게 써먹자~ **벼 이삭은 익을수록 고개를 숙인다**는데, 너도 공부 좀 잘한다고 잘난 척하지 말고 제발 겸손해져라.

102 콩으로 메주를 쑨다 하여도 곧이듣지 않는다

엄마가 아이에게 메주 만드는 콩을 알려 주셨는데, 아이는 믿지 않는군. 엄마는 참 답답하시겠어!

이럴 때 '콩으로 메주를 쑨다 하여도 곧이듣지 않는다'라고 해. 아무리 사실대로 말해도 믿지 않는다는 말이야.

* **곧이듣다**: 남의 말을 듣고 그대로 믿다.

103

반 **콩을 팥이라 해도 곧이듣는다**: 남의 말을 그대로 잘 믿음.

이렇게 써먹자~ **콩으로 메주를 쑨다 하여도 곧이듣지 않는다**더니, 나 오늘 아침에 진짜 머리 감았는데 왜 내 말을 믿어 주지 않는 거야!

104 닭 잡아먹고 오리 발 내놓기

남의 닭을 잡아먹었으면서 오리 발을 내밀며 아니라고 둘러대고 있네.

이처럼 옳지 못한 일을 저질러 놓고 엉뚱한 짓으로 속여 넘기려 하는 것을 이르는 말이 '닭 잡아먹고 오리 발 내놓기'야.

* **둘러대다**: 그럴듯한 말로 꾸며 속이다.

105

비 **눈 가리고 아웅**: 얕은꾀로 남을 속이려 한다는 말.

이렇게 써먹자~ 나한테 빌려 간 새 책을 잃어버려 놓고 헌 책을 주다니! **닭 잡아먹고 오리 발 내놓기**야?

퀴즈! 퀴즈!

1 다음 그림을 보고, 알맞은 속담을 완성하세요.

(1)

네가 우리 닭 잡아먹었지?

오리 잡아먹었는데.

닭ㅅ

닭 잡아먹고

☐☐ ☐ 내놓기

(2)

이 콩으로 메주를 만든단다.

못 믿겠는데요.

콩으로 메주를 쑨다 하여도

_____

(3)

참 공손해 보이네.

벼 이삭은 익을수록

☐☐ 를 숙인다

(4)

민수는 말야…

세아는 말야…

_____

밤말은 쥐가 듣는다

2 두 속담이 비슷한 뜻이 되도록 빈칸에 들어갈 알맞은 말을 고르세요.

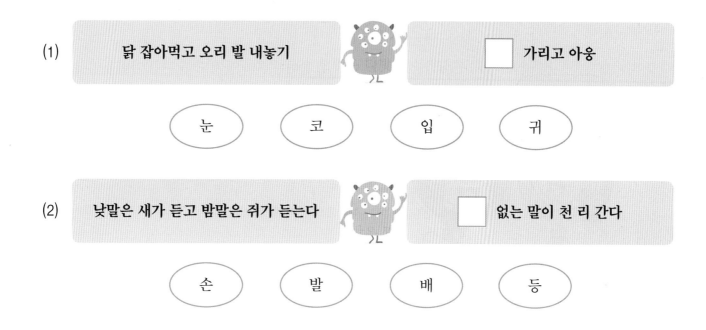

(1) 닭 잡아먹고 오리 발 내놓기   □ 가리고 아웅

눈   코   입   귀

(2) 낮말은 새가 듣고 밤말은 쥐가 듣는다   □ 없는 말이 천 리 간다

손   발   배   등

3 빈칸에 들어갈 속담을 고르고, 낱자를 차례대로 조합해서 글자를 만들어 쓰세요.

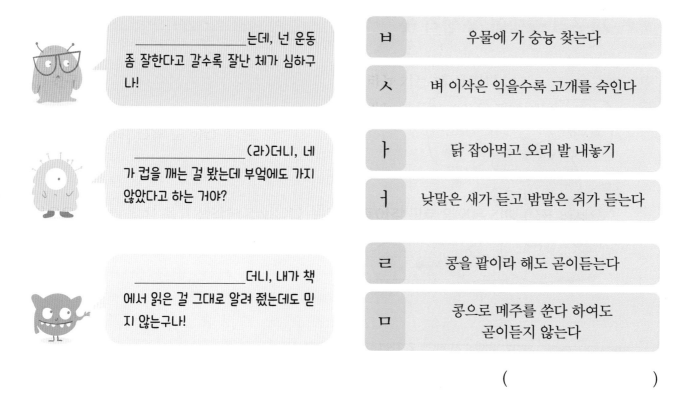

_____는데, 넌 운동 좀 잘한다고 갈수록 잘난 체가 심하구나!

| ㅂ | 우물에 가 숭늉 찾는다 |
| ㅅ | 벼 이삭은 익을수록 고개를 숙인다 |

_____(라)더니, 네가 컵을 깨는 걸 봤는데 부엌에도 가지 않았다고 하는 거야?

| ㅏ | 닭 잡아먹고 오리 발 내놓기 |
| ㅓ | 낮말은 새가 듣고 밤말은 쥐가 듣는다 |

_____더니, 내가 책에서 읽은 걸 그대로 알려 줬는데도 믿지 않는구나!

| ㄹ | 콩을 팥이라 해도 곧이듣는다 |
| ㅁ | 콩으로 메주를 쑨다 하여도 곧이듣지 않는다 |

(   )

오늘의 어휘

106 *백지장도 맞들면 낫다

훨씬 가볍네.

종이

그러게.

흰 종이는 혼자 들어도 될 만큼 가벼울 거야. 그런데 두 친구는 함께 들었네. 아무리 가벼운 종이라도 서로 도우면 그만큼 더 가벼워지겠지?

'백지장도 맞들면 낫다'는 쉬운 일이라도 서로 도와서 하면 훨씬 쉽다는 말이야.

*백지장: 하얀 종이의 낱장.

이렇게 써먹자~ 도서관에서 책을 두 권 빌렸구나! 내가 한 권 들어 줄게. **백지장도 맞들면 낫다**잖니.

107 개구리 올챙이 적 생각 못 한다

생긴 게 왜 저래?

폴짝폴짝 뛰지도 못하잖아?

개구리는 자기가 올챙이보다 잘났다고 생각하는군! 올챙이를 엄청 놀려 대고 있어. 자기도 예전엔 올챙이였는데 까맣게 잊어버린 건가?

'개구리 올챙이 적 생각 못 한다'는 전보다 상황이 나아진 사람이 예전에 하찮거나 어려웠던 때를 생각하지 않고 처음부터 잘난 듯이 뽐낸다는 뜻이야.

이렇게 써먹자~ **개구리 올챙이 적 생각 못 한다**더니, 줄넘기 좀 잘한다고 너무 으스대는 거 아니니? 너도 얼마 전까지 줄넘기 한 개도 못 했잖아.

108 입이 열 개라도 할 말이 없다

꽃병을 깨뜨렸으니까 잘못한 게 분명하네. 그래서 아무 말도 할 수 없는 거지. 입이 열 개라도 마찬가지겠지?

이렇게 잘못이 분명히 드러나 변명할 말이 없음을 이를 때 '입이 열 개라도 할 말이 없다'라고 해.

109
비 유구무언: 변명할 말이 없음.

↳ 有 있을 유 口 입 구 無 없을 무 言 말씀 언

이렇게 써먹자~ 내 실수로 네 옷이 더러워졌구나. **입이 열 개라도 할 말이 없다.** 정말 미안해.

110 빈 수레가 요란하다

덜컹 덜컹

짐이 꽉 찬 수레는 움직일 때 소리가 크게 나지 않아. 오히려 빈 수레가 덜컹덜컹 요란한 소리를 내.

이처럼 *실속 없는 사람이 겉으로 더 떠들어 댐을 이르는 말이 '빈 수레가 요란하다'야.

*실속: 군더더기 없이 실제로 핵심이 되는 내용.

111
비 허장성세: 실속은 없으면서 큰소리치거나 허세를 부림.

↳ 虛 빌 허 張 베풀 장 聲 소리 성 勢 기세 세

이렇게 써먹자~ **빈 수레가 요란하다더니,** 너는 유럽에 가 본 적도 없으면서 윤이가 유럽 여행 다녀온 이야기를 하는데 네가 왜 더 떠들어 대는 거야!

1 다음 그림을 보고, 알맞은 속담을 완성하세요.

(1)

덜컹 덜컹

빈 수레가

(2)

생긴 게 왜 저래?

폴짝폴짝 뛰지도 못하잖아?

개구리 올챙이 적

———————————————

(3)

훨씬 가볍네.

종이

그러게.

백지장도

낫다

(4)

———————————————

할 말이 없다

2 다음 속담과 비슷한 뜻을 가진 사자성어가 되도록 주사위를 고르고, 두 수의 합을 구하여 쓰세요.

(1)

빈 수레가 요란하다

●	∷	⸫	⸬
오비	허장	삼척	성세

(   )

(2)

입이 열 개라도 할 말이 없다

●	∷	⸫	⸬
유구	이란	투석	무언

(   )

3 빈칸에 들어갈 알맞은 말을 고르세요.

(1) 백지장도 맞들면 낫다니까 _____
_____

우리 함께 해결해 보자.

네 일은 네가 알아서 해.

(2) 개구리 올챙이 적 생각 못 한다더니,
_____

너는 앞으로 정말 잘될 거야.

네가 힘들었던 때는 기억나지 않니?

(3) 빈 수레가 요란하다더니, _____
_____

너는 정말 아는 게 많구나.

잘 모르면서 아는 체를 하는구나.

1 ⊙으로 보아, 유관순이 걱정하는 것은 무엇인가요? (   )

> 고향에 내려온 유관순은 만세 운동을 준비했어요. 얼마 뒤에 열릴 아우내 장날, 만세 운동을 해야겠다고 생각했거든요.
>
> 유관순은 일본 경찰의 눈을 피해 밤마다 마을 아이들과 함께 태극기를 그렸어요. 그리고 이웃 마을에도 만세 운동을 알리러 다녔어요. 유관순은 사람들을 만날 때마다 품 안에 있는 태극기를 나눠 주며 당부했어요.
>
> ⊙"낮말은 새가 듣고 밤말은 쥐가 듣는다고 했어요. 정말 조심해야 해요."
>
> 유관순은 이렇게 차근차근 만세 운동을 준비했어요.

① 사람들이 태극기를 잃어버리는 것
② 사람들이 만세 운동에 참여하지 않는 것
③ 자신이 누구인지 너무 널리 알려지는 것
④ 만세 운동을 준비하고 있다는 사실을 널리 알리지 못하는 것
⑤ 만세 운동을 준비하고 있다는 사실을 일본 경찰에게 들키는 것

2 ⊙에 들어갈 속담으로 알맞은 것은 무엇인가요? (   )

> ○○ 초등학교 3학년 1반 학생 다섯 명이 폐지 줍는 할머니를 도와 *선행상을 받게 됐다. 이 학생들은 할머니가 끌던 수레가 넘어져 길가에 폐지가 흩어져 있는 것을 보고, 할머니를 도와 폐지를 주운 것으로 알려졌다. 학생들은 자신들 중 누군가가 [⊙   ]고 말하자, 너나 할 것 없이 나서서 폐지를 줍게 되었다고 했다. 한 학생은 "큰일을 한 것도 아닌데 상까지 주신다고 해서 쑥스러워요. 앞으로도 어려운 사람을 보면 모른 척하지 않고 돕고 싶어요."라고 말했다.
>
> *선행상: 착하고 올바른 행동을 한 사람에게 주는 상.

① 빈 수레가 요란하다   ② 백지장도 맞들면 낫다
③ 입이 열 개라도 할 말이 없다   ④ 개구리 올챙이 적 생각 못 한다
⑤ 벼 이삭은 익을수록 고개를 숙인다

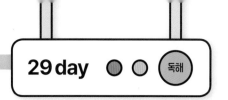

[3~5] 다음 글을 읽고, 물음에 알맞게 답하세요.

> "아, 심심해. 재미있는 일 없나?"
>
> 양치기 소년은 ㉠좋은 생각이 났다는 듯 미소를 짓고는 힘차게 외쳤어요.
>
> "늑대가 나타났다!"
>
> 그러자 마을 사람들이 헐레벌떡 달려왔어요. 하지만 늑대는 어디에도 없었지요. 마을 사람들은 화를 내며 돌아갔어요. 소년은 다음 날에도, 그다음 날에도 똑같은 장난을 했어요. 마을 사람들은 집으로 돌아가며 생각했어요.
>
> '　　　　　　㉡　　　　　　'
>
> 다음 날 이번엔 진짜 늑대가 나타났어요. 소년이 있는 힘껏 도와 달라고 외쳤지만, 아무도 도와주러 오지 않았어요.

3 ㉠은 어떤 생각을 말하는지 쓰세요.

(　　　　　　　　　　　　　　　　　　　　　　　　　　　)

4 ㉡에 들어갈 말로 알맞은 것에 ○표 하세요.

(1) 빈 수레가 요란하다더니, 양치기 소년은 너무 시끄러워. (　　　)

(2) 개구리 올챙이 적 생각 못 한다더니, 양치기 소년은 거짓말쟁이야. (　　　)

(3) 이제 양치기 소년이 하는 말은 콩으로 메주를 쑨다 하여도 곧이듣지 않을 거야. (　　　)

5 이 글을 읽고 말한 내용이 알맞은 친구의 이름을 쓰세요.

> 재민: 양치기 소년은 마을 사람들을 원망하면 안 돼. 입이 열 개라도 할 말이 없지. 자기가 먼저 잘못해서 일어난 일이잖아.
>
> 소현: 마을 사람들이 한 번만 더 양치기 소년의 말을 믿어 줬으면 참 좋았을 것 같아. 벼 이삭은 익을수록 고개를 숙인다잖아.

(　　　　　　　　　　　　　　　　　　　　　　　　　　　)

속담 총정리

1 속담의 뜻에 알맞은 낱말을 골라 ○표 하세요.

❶ 빈 수레가 요란하다

(경험 , 실속) 없는 사람이 겉으로 더 떠들어 댐.

❷ 누워서 침 뱉기

자기에게 (해 , 이득)이/가 되어 돌아올 짓을 함.

❸ 입이 열 개라도
할 말이 없다

잘못이 분명히 드러나 (반성할 , 변명할) 말이 없음.

❹ 백지장도 맞들면 낫다

쉬운 일이라도 서로 (도와서 , 겨루며) 하면 훨씬 쉬움.

❺ 간에 붙었다
쓸개에 붙었다 한다

자기에게 (이익 , 걱정)이 되도록 이편에 붙었다 저편에 붙었다 함.

❻ 닭 잡아먹고
오리 발 내놓기

옳지 못한 일을 저질러 놓고 엉뚱한 짓으로 (속여 , 웃어) 넘기려 하는 것을 이르는 말.

❼ 참새가 방앗간을
그저 지나랴

자기가 (좋아하거나 , 무서워하거나) 자기에게 이익이 되는 일을 보고 그냥 지나치지 못함.

❽ 믿는 도끼에 발등 찍힌다

잘될 거라고 생각했던 일이 잘되지 않거나 믿었던 사람이 배신하여 오히려 (해 , 은혜)를 입음.

❾ 입에 쓴 약이 병을 고친다

자기에 대한 (칭찬 , 충고)(이)나 비판이 당장은 듣기에 좋지 않지만 그것을 받아들이면 큰 도움이 됨.

❿ 못 먹는 감 찔러나 본다

자기 것으로 만들지 못할 바에야 남도 갖지 못하게 일부러 (숨기는 , 망가뜨리는) 못된 마음을 이르는 말.

⓫ 원님 덕에 나팔 분다

다른 사람의 덕으로 맞지 않는 행세를 하게 되거나 그런 대접을 받고 (꾸물대는 , 우쭐대는) 모양을 이르는 말.

⓬ 개구리 올챙이 적
생각 못 한다

전보다 상황이 나아진 사람이 예전에 하찮거나 어려웠던 때를 생각하지 않고 처음부터 잘난 듯이 (뽐냄 , 욕심냄).

2 다음 뜻을 가진 속담을 완성하세요.

❶ 남의 일에 쓸데없이 참견함.

➡ 남의 잔치에 감 놓아라 ☐ 놓아라 한다

❷ 지식이 뛰어나고 훌륭한 사람일수록 겸손함.

➡ 벼 이삭은 ☐☐☐☐ 고개를 숙인다

❸ 작은 나쁜 짓도 자꾸 하게 되면 큰 죄를 저지르게 됨.

➡ ☐☐ 도둑이 소도둑 된다

❹ 내 사정이 급하고 어려워서 남을 돌볼 여유가 없음.

➡ 내 ☐ 가 석 자

❺ 아무리 비밀스럽게 말해도 남의 귀에 들어가게 되므로 말조심을 해야 함.

➡ 낮말은 새가 듣고 밤말은 ☐ 가 듣는다

❻ 자기의 능력으로 할 수 없는 일에 대해서는 처음부터 욕심을 내지 않는 것이 좋음.

➡ ☐☐☐ 못할 나무는 쳐다보지도 마라

❼ 교활하고 음흉한 사람의 행동을 이르는 말.

➡ 병 주고 ☐ 준다

❽ 아무리 사실대로 말해도 믿지 않음.

➡ 콩으로 ☐☐ 를 쑨다 하여도 곧이듣지 않는다

❾ 거의 다 된 일을 망쳐 버리는 주책없는 행동을 이르는 말.

➡ 다 된 죽에 ☐ 풀기

❿ 남의 재앙을 점점 더 커지도록 만들거나 화난 사람을 더욱 화나게 함.

➡ ☐☐☐ 에 부채질한다

⓫ 아무리 어떤 것에 뛰어나도 더 뛰어난 사람이 있으니 잘난 체하지 말아야 함.

➡ ☐☐ 놈 위에 나는 놈 있다

⓬ 남에게 도움을 받고도 그 고마움을 모르고 생트집을 잡음.

➡ 물에 빠진 놈 ☐☐ 놓으니까 내 봇짐 내라 한다

4

생활 모습

속담에는 우리 조상들의 생각과 지혜, 생활 모습이 담겨 있어.

그래서 여러 가지 속담을 들여다보면

'옛날 사람들이 이렇게 살았구나.' 하고 알게 될 때도 있지.

마지막 장에서는 다양한 생활 모습과 관련된 속담을 알아보자.

● 학습 계획표 ●

공부한 날		학습 내용	확인
31 day	/	오늘의 어휘 112 ~ 118	
32 day	/	오늘의 어휘 119 ~ 125	
33 day	/	어휘 먹고, 독해 먹고	
34 day	/	오늘의 어휘 126 ~ 132	
35 day	/	오늘의 어휘 133 ~ 137	
36 day	/	어휘 먹고, 독해 먹고	
37 day	/	오늘의 어휘 138 ~ 142	
38 day	/	오늘의 어휘 143 ~ 150	
39 day	/	어휘 먹고, 독해 먹고	
40 day	/	척 하면 착! 속담 총정리	

오늘의 어휘

112 등잔 밑이 어둡다

반지가 어디 있지?

등잔불을 켜면 환해서 등잔 밑도 잘 보일 것 같지만, 오히려 그림자 때문에 더 어두워. 그래서 등잔 밑에 있는 반지를 찾지 못하고 있는 거지.

'등잔 밑이 어둡다'는 가까이 있는 사람이 오히려 잘 알기 어렵다는 말이야.

* 등잔: 기름을 담아 등불을 켜는 데 쓰는 그릇.

113
비 **등하불명**

└ 燈 등잔 등 下 아래 하 不 아닐 불 明 밝을 명

이렇게 써먹자~ 등잔 밑이 어둡다더니, 바로 네 앞에 떨어져 있는 지갑을 못 찾냐?

114 꿩 먹고 알 먹기

두 개 다 먹겠군!

꿩은 무척 예민하지만 알을 품고 있을 때는 누군가 다가오는 소리가 나도 도망가지 않아. 그래서 그때 꿩을 잡으면 꿩도 먹고 알도 먹을 수 있지.

이처럼 한 가지 일을 해서 두 가지 이상의 이익을 보게 됨을 이르는 말이 '꿩 먹고 알 먹기'야.

* 예민하다: 자극에 대한 반응이나 감각이 지나치게 날카롭다.

115
비 **도랑 치고 가재 잡는다**

이렇게 써먹자~ 아침 운동을 했더니 몸도 튼튼해지고 밥맛도 좋아졌어. 이런 걸 **꿩 먹고 알 먹기라고** 하지.

116 자라 보고 놀란 가슴 솥뚜껑 보고 놀란다

자라에게 물린 적이 있는 아이가 솥뚜껑을 보고 깜짝 놀랐어. 솥뚜껑이 자라의 등딱지처럼 생겨서 그래.

'자라 보고 놀란 가슴 솥뚜껑 보고 놀란다'는 어떤 것에 몹시 놀란 사람은 비슷한 것만 봐도 겁을 낸다는 뜻이야.

117

비 상궁지조: 한 번 혼이 난 일로 늘 의심과 두려운 마음을 품는 것을 이르는 말.

└ 傷 상처 상 弓 활 궁 之 갈 지 鳥 새 조

이렇게 써먹자~ 자라 보고 놀란 가슴 솥뚜껑 보고 놀란다고, 자전거와 부딪쳐 다친 적이 있어서 자전거만 보면 무서워.

118 쥐구멍에도 볕 들 날 있다

우리 집에도 볕이 드는 날이 있네.

쥐구멍에는 햇볕이 잘 들지 않아서 캄캄해. 그런데 쥐구멍에도 햇볕이 들었군! 쥐에게 좋은 일이 생긴 거지.

'쥐구멍에도 볕 들 날 있다'는 당장은 힘들어도 언젠가는 좋은 일이 생길 수 있다는 것을 말할 때 사용해.

이렇게 써먹자~ 지금은 우리 집이 가난하지만 언젠가는 잘살게 될 거야. **쥐구멍에도 볕 들 날 있다잖아.**

퀴즈! 퀴즈!

1 다음 그림을 보고, 알맞은 속담을 완성하세요.

(1)

두 개 다 먹겠군!

ㄲ ㅁㄱ ㅇ ㅁㄱ

➡ _____

(2)

어디 있지?

ㄷㅈ ㅁㅇ ㅇㄷㄷ

➡ _____

(3)

우리 집에도 볕이 드는 날이 있네.

| | | | 에도

볕 들 날 있다

(4)

자라?

| | | 보고 놀란 가슴

솥뚜껑 보고 놀란다

2 초성 힌트를 보고, 친구가 낸 문제의 답을 완성하세요.

(1) 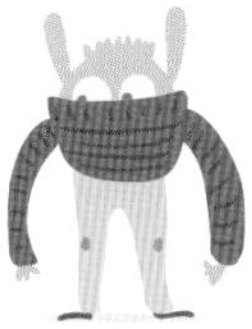 '꿩 먹고 알 먹기'와 뜻이 비슷한 속담은?

➡ | ㄷ | ㄹ | 치고 | ㄱ | ㅈ | 잡는다

(2)  '쥐구멍에도 볕 들 날 있다'의 뜻은?

➡ 당장은 힘들어도 언젠가는 | ㅈ | ㅇ | ㅇ | 이 생길 수 있다.

(3)  '자라 보고 놀란 가슴 솥뚜껑 보고 놀란다'의 뜻은?

➡ 어떤 것에 몹시 | ㄴ | ㄹ | 사람은 비슷한 것만 봐도 | ㄱ | 을 낸다.

3 다음 상황에 알맞은 속담을 고르세요.

(1) 내가 내 동생에 대해서 너보다 더 모르는구나!

꿩 먹고 알 먹기   등잔 밑이 어둡다

(2) 학급 회장 선거에서 계속 떨어지더니 이번엔 됐네!

쥐구멍에도 볕 들 날 있다   자라 보고 놀란 가슴 솥뚜껑 보고 놀란다

오늘의 어휘

119 하늘이 무너져도 솟아날 구멍이 있다

하늘이 무너져서 꼼짝없이 죽을 상황에 처한 줄 알았는데 빠져나갈 수가 있네. 참 다행이야.

'하늘이 무너져도 솟아날 구멍이 있다'는 아무리 어려운 경우에 처하더라도 살아 나갈 방법이 생긴다는 뜻이야.

120
비 사람이 죽으란 법은 없다

이렇게 써먹자~ **하늘이 무너져도 솟아날 구멍이 있다고**, 교통 카드를 잃어버려서 버스를 못 타고 있는데 어떤 아주머니께서 요금을 대신 내주셨어.

121 *첫술에 배부르랴

배부르지!

이제 한 숟가락 먹었는데?

이제 겨우 밥 한 숟가락을 먹었을 뿐인데, 배가 부르냐고? 어허, 참나! 첫술에 배가 부를 리가 있겠어?

'첫술에 배부르랴'는 어떤 일이든지 한 번에 만족할 수는 없다는 말이야.

＊**첫술**: 음식을 먹을 때, 처음으로 드는 숟갈.

이렇게 써먹자~ 훌라후프를 처음 돌려 봤으면서 한 번에 안 된다고 실망하는 거야? **첫술에 배부르겠어?**

140 빛 좋은 개살구

개살구

우웩

개살구는 겉보기에는 먹음직스러운 빛깔을 띠고 있지만 막상 먹어 보면 시고 떫다고 해.

이처럼 겉으로 보기에는 좋으나 실제로는 좋지 못한 경우에 '빛 좋은 개살구'라고 해.

141
비 속 빈 강정

* **떫다**: 맛이 쓰고 텁텁하다.
* **강정**: 쌀로 만든 한국식 과자.

이렇게 써먹자~ 이 코트 참 예쁘지? 근데 하나도 안 따뜻해. 이거 입고 밖에 나가면 하루 종일 추워서 벌벌 떨어야 해. 완전 **빛 좋은 개살구**야.

142 물에 빠지면 지푸라기라도 잡는다

지푸라기는 도움이 안 되는데….

물에 빠지면 살아야겠다는 마음에 이것저것 따질 틈이 없이 아무거나 붙잡게 될 거야. 지푸라기는 아무런 도움이 안 되지만, 급하면 그거라도 잡게 되지.

'물에 빠지면 지푸라기라도 잡는다'는 위급한 상황에서는 이를 극복하기 위해서 어떤 행동이라도 가리지 않고 한다는 뜻이야.

* **지푸라기**: 하나하나의 짚. 또는 짚의 부스러기.

이렇게 써먹자~ 어제 공포 영화를 봤는데 너무 무섭더라. 그래서 여섯 살짜리 동생에게 같이 자자고 했어. **물에 빠지면 지푸라기라도 잡는다**잖아.

퀴즈! 퀴즈!

1 다음 그림을 보고, 알맞은 속담을 완성하세요.

(1)

도둑이 제 발

(2)

ㅂ ㅈㅇ ㄱㅅㄱ

➡ _____

(3)

물에

지푸라기라도 잡는다

(4)

ㄲ ㄷㅅ ㄷ

➡ _____

2 낱말 카드를 이용하여 다음 뜻을 가진 속담을 완성하세요.

제	속	빛	도둑이	빈
좋은	발	강정	저리다	개살구

(1) 지은 죄가 있으면 자연히 마음이 조마조마해짐.

➡ (   )

(2) 겉으로 보기에는 좋으나 실제로는 좋지 못한 경우를 이르는 말.

➡ (   )

➡ (   )

3 속담의 쓰임이 알맞은 칸을 색칠하세요.

❶ 비싼 화장품이라서 좋을 줄 알았는데 써 보니까 별로야. 속 빈 강정이었어.	❷ 도둑이 제 발 저린다고, 동생은 자기의 잘못이 들통 날까 봐 안절부절못했어.	❸ 엄마께서 만드신 빵이 모양은 별로였는데 맛은 좋더라. 빛 좋은 개살구야.
❹ 선생님께 꾸중을 듣게 되더라도 너무 속상해하지 마. 물에 빠지면 지푸라기라도 잡는다잖니.	❺ 유진이는 나를 너무 좋아해서 항상 나랑만 짝을 하려고 해. 난 꿩 대신 닭인가 봐.	❻ 물에 빠지면 지푸라기라도 잡는다더니, 동생이 나한테 화나서 한동안 말을 안 했는데 배고프니까 간식을 나눠 달라고 부탁하네.

오늘의 어휘

143 산 넘어 산이다

헉! 힘들게 산을 넘었는데, 또 산이 있대. 정말 힘들겠는걸!

이처럼 갈수록 더욱 어려운 상황에 처하게 되는 경우에 '산 넘어 산이다'라고 해.

144, 145
비 갈수록 태산
산은 오를수록 높고 물은 건널수록 깊다

이렇게 써먹자~ 이제 막 사회 숙제를 끝냈는데, 국어 숙제도 해야 하고 수학 숙제도 해야 해. **산 넘어 산이야.**

146 천 리 길도 한 걸음부터

천 리는 약 400킬로미터를 말해. 그렇게 먼 길을 가려면 우선 한 걸음부터 떼야겠지?

'천 리 길도 한 걸음부터'는 무슨 일이나 그 일의 시작이 중요하다는 뜻이야.

147
비 **시작이 반이다:** 일을 시작하기가 어렵지 일단 시작하면 끝내기는 그렇게 어렵지 않음.

이렇게 써먹자~ 500쪽이나 되는 책을 읽어야 해서 걱정인데 일단 읽기 시작했어. **천 리 길도 한 걸음부터니까.**

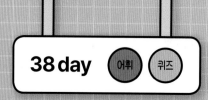

148 아니 땐 굴뚝에 연기 날까

불을 땠나?

그러니까 연기가 나겠지.

*아궁이에 불을 땠기 때문에 굴뚝에서 연기가 날 거야. 불을 때지 않았다면 연기가 나지 않겠지?

'아니 땐 굴뚝에 연기 날까'는 원인이 없으면 결과가 있을 수 없다는 뜻이야.

＊**아궁이**: 방이나 솥 등에 불을 때기 위해 만든 구멍.

이렇게 써먹자~ 규현이랑 예서랑 사이가 안 좋다는 소문이 있는 걸 보니, 둘 사이에 무슨 일이 있었을 거야. **아니 땐 굴뚝에 연기 날까?**

149 닭 쫓던 개 지붕 쳐다보듯

잡아 보시지!

멍멍

실패.

개에게 쫓기던 닭이 지붕으로 올라가자 개가 쫓아 올라가지 못하고 지붕만 쳐다보고 있네.

'닭 쫓던 개 지붕 쳐다보듯'은 애쓰던 일이 실패로 돌아가거나 남보다 뒤떨어져 어쩔 수 없게 됨을 이르는 말이야.

150 비 닭 쫓던 개 먼 산 쳐다보듯

이렇게 써먹자~ 우리 반 친구들 모두 3반을 이기려고 열심히 노력했는데 결국 지고 말았어. 다들 **닭 쫓던 개 지붕 쳐다보듯** 했지 뭐.

퀴즈! 퀴즈!

1 다음 그림을 보고, 알맞은 속담을 완성하세요.

(1)

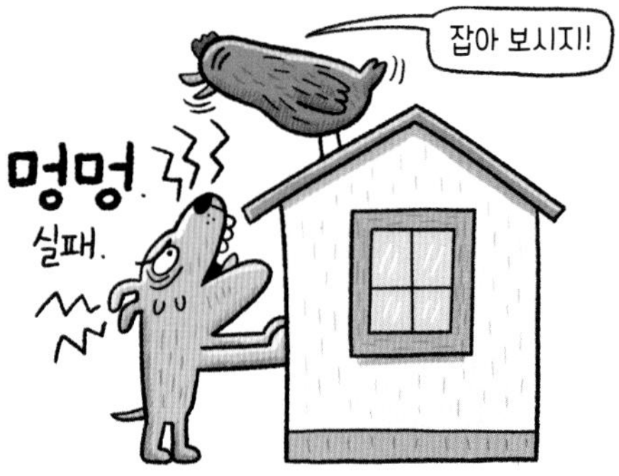
잡아 보시지!
멍멍.
실패.

☐ 쫓던 ☐

지붕 쳐다보듯

(2)

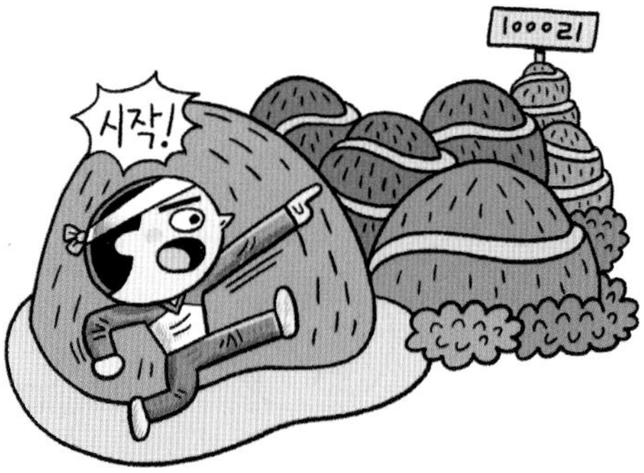
1000리
시작!

천 리 길도

____

(3)

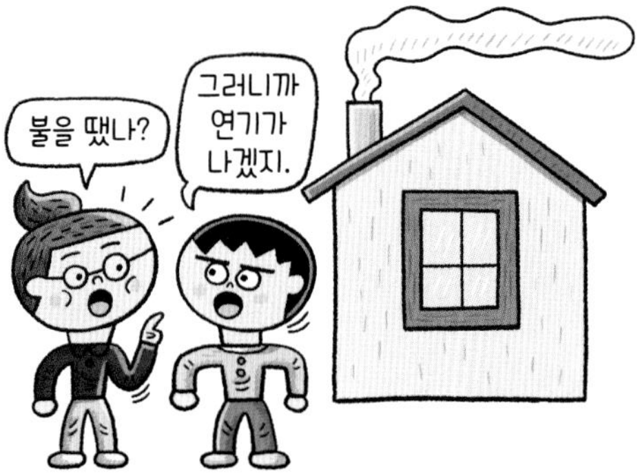
불을 땠나?
그러니까
연기가
나겠지.

아니 땐 굴뚝에

☐☐ 날까

(4)

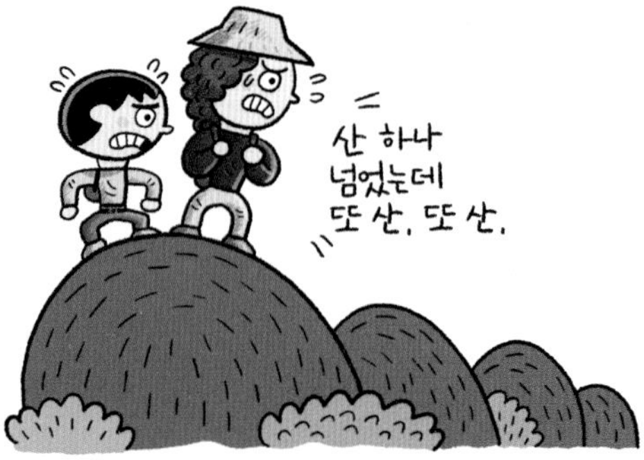
산 하나
넘었는데
또 산, 또 산.

ㅅ ㄴ ㅇ ㅅ ㅇ ㄷ

➡ ______________________

2 두 속담이 비슷한 뜻이 되도록 빈칸에 들어갈 알맞은 말을 고르세요.

(1) 천 리 길도 한 걸음부터   시작이 ☐ 이다

(끝)   (반)   (중앙)   (출발)

(2) 산 넘어 산이다   갈수록 ☐

(화산)   (등산)   (태산)   (강산)

3 속담의 사용이 알맞으면 오른쪽 칸으로, 알맞지 <u>않으면</u> 아래 칸으로 선을 긋고 어떤 곤충이 나오는지 쓰세요.

출발 ➡

❶ 천 리 길도 한 걸음부터라고 했어. 아직 준비가 덜 됐지만 일단 시작해 보자.

❷ 난 피아노를 배운 적이 없는데 피아노를 잘 친다고 소문이 났어. 아니 땐 굴뚝에 연기 날까?

❸ 버스를 바로 앞에서 놓치고 닭 쫓던 개 지붕 쳐다보듯 바라보고 있었어.

❹ 어제, 오늘 숙제까지 미리 다 했더니 오늘은 참 편해. 산 넘어 산이야.

(   )

1 ㉠에 들어갈 속담으로 알맞은 것은 무엇인가요? (   )

> 서동은 마를 캐서 시장에 내다 팔아 생활했어. 어릴 때부터 재주가 많고 생각도 깊어서 마을 사람들은 모두 서동을 좋아했지.
>
> 어느 날, 서동은 선화 공주가 무척 아름답다는 소문을 듣고 직접 보고 싶었어. 그래서 선화 공주를 만나러 서라벌로 가서 아이들에게 마를 나누어 주며 말했어.
>
> "내가 알려 주는 노래를 부르고 다니면 맛있는 마를 얼마든지 줄게."
>
> 아이들은 서동이 시키는 대로 선화 공주가 밤에 몰래 궁을 나가 서동을 만난다는 내용의 노래를 부르고 다녔어. 노래는 금세 퍼져서 궁에서도 알게 되었지. 신하들은 선화 공주를 궁 밖으로 내쫓아야 한다고 했어. 임금은 할 수 없이 선화 공주를 불러 말했어.
>
> "   ㉠   ! 네가 올바르게 행동하지 않았으니까 그런 소문이 났을 것이다. 너를 궁 안에 둘 수 없으니 어서 궁을 떠나거라."

① 꿩 대신 닭이라더니   ② 빛 좋은 개살구구나
③ 아니 땐 굴뚝에 연기 나겠느냐   ④ 닭 쫓던 개 지붕 쳐다보듯 하는구나
⑤ 물에 빠지면 지푸라기라도 잡는다잖니

2 다음 글을 읽고 알맞게 말한 친구를 찾아 ○표 하세요.

> 버터는 우유로 만들어요. 그런데 조그만 버터 한 조각을 만들려면 많은 양의 우유가 필요해요. 옛날에는 만드는 과정도 쉽지 않았어요. 그래서 가난한 사람들은 버터를 먹기가 힘들었어요. 프랑스 황제 나폴레옹 3세는 가난한 사람들과 전쟁 중인 군인들을 위해서 과학자들에게 버터와 비슷한 것을 만들어 내라고 했어요. 그렇게 해서 만들어진 것이 마가린이에요. 쇠기름에 적은 양의 우유를 섞고 식품 *첨가물을 넣어 만든 마가린은 버터보다 쉽게 많이 만들 수 있어서 가격은 더 낮았어요. 게다가 맛과 영양까지 버터와 비슷해서 사람들에게 인기가 많았어요.
>
> *첨가물: 식품 등을 만들 때 보태어 넣는 것.

(1) 슬기: 옛날에는 버터가 귀했구나. 속 빈 강정이었네. (   )

(2) 찬민: 꿩 대신 닭이라고, 버터 대신 마가린을 발명한 거구나. (   )

(3) 선예: 버터와 마가린은 비슷한 점이 많구나. 갈수록 태산이야. (   )

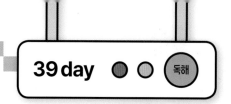

[3~5] 다음 글을 읽고, 물음에 알맞게 답하세요.

> "헉헉."
>
> 우리는 지팡이를 짚으며 천천히 산길을 올랐다. 오르막길이 계속돼서 무척 힘들었다. 게다가 나는 오늘 처음 신은 등산화 때문에 발이 아팠다. 내가 좋아하는 빨간색이라서 별로 고민하지 않고 샀는데, 막상 신어 보니까 너무 불편했다.
>
> 한참 올라가고 있는데 어디선가 방귀 냄새가 났다. 동생에게도 냄새가 나는지 물어보려고 동생을 쳐다봤는데, 도둑이 제 발 저린지 얼굴이 빨개져 있었다. 나는 슬쩍 웃음이 났지만 꾹 참았다. 그래도 동생 덕분에 잠시나마 힘든 것을 잊을 수 있었다.
>
> ㉠오르막길이 끝나는 곳에 이르렀을 때, 난 소리를 지르며 주저앉았다. 계단이 끝없이 펼쳐져 있었기 때문이다. 그러자 아빠가 내 어깨를 감싸며 말씀하셨다.
>
> "천 리 길도 한 걸음부터라고 했어."
>
> 나는 가방에서 물을 꺼내 마셨다. 그리고 천천히 계단을 오르기 시작했다.
>
> '그래, 일단 시작해 보자!'

3 이 글의 내용으로 알맞으면 ○표, 알맞지 <u>않으면</u> ✕표 하세요.

(1) '나'는 계단을 오르는 것을 포기했다. (   )

(2) '나'는 동생이 방귀를 뀌었다고 생각했다. (   )

(3) 아빠는 '내'가 계단을 오르지 않기를 바라셨다. (   )

4 이 글에서 '나'에게 '빛 좋은 개살구'에 해당하는 것을 찾아 ○표 하세요.

물   가방   지팡이   등산화

5 ㉠과 관련 있는 속담은 무엇인가요? (   )

① 시작이 반이다

② 산 넘어 산이다

③ 등잔 밑이 어둡다

④ 닭 쫓던 개 지붕 쳐다보듯

⑤ 물에 빠지면 지푸라기라도 잡는다

1 속담의 뜻에 알맞은 낱말을 골라 ○표 하세요.

❶ 천 리 길도 한 걸음부터   무슨 일이나 그 일의 (끝 , 시작)이 중요함.

❷ 아니 땐 굴뚝에 연기 날까   원인이 없으면 (결과 , 실패)가 있을 수 없음.

❸ 비 온 뒤에 땅이 굳어진다   어떤 어려움을 겪은 뒤에 더 (강해짐 , 약해짐).

❹ 등잔 밑이 어둡다   (가까이 , 가만히) 있는 사람이 오히려 잘 알기 어려움.

❺ 가랑비에 옷 젖는 줄 모른다   작은 일이라도 그것이 (일어나면 , 계속되면) 큰일이 됨.

❻ 꿩 먹고 알 먹기   한 가지 일을 해서 두 가지 이상의 (손해 , 이익)을/를 보게 됨.

❼ 고양이 목에 방울 달기   실행하기 어려운 것을 괜히 (실천 , 의논)하는 경우를 이르는 말.

❽ 산 넘어 산이다   갈수록 더욱 (쉬운 , 어려운) 상황에 처하게 되는 경우를 이르는 말.

❾ 하늘이 무너져도 솟아날 구멍이 있다   아무리 어려운 경우에 처하더라도 (포기할 , 살아 나갈) 방법이 생김.

❿ 가는 날이 장날   어떤 일을 하려고 하는데 마침 그때 (생각했던 , 생각하지도 않은) 일이 생김.

⓫ 꿩 대신 닭   꼭 적당한 것이 없을 때 그와 (다른 , 비슷한) 것으로 대신하는 경우를 이르는 말.

⓬ 길고 짧은 것은 대어 보아야 안다   크고 작고, 이기고 지고, 잘하고 못하는 것은 실제로 겨루어 보거나 (겪어 , 상상해) 보아야 알 수 있음.

2 다음 뜻을 가진 속담을 완성하세요.

❶ 아주 쉬운 일을 이르는 말.

➡ ⬜ 짚고 헤엄치기

❷ 죄가 있으면 자연히 마음이 조마조마해짐.

➡ 도둑이 ⬜⬜ 저리다

❸ 아무리 노력해도 보람이 없는 상태를 이르는 말.

➡ ⬜ 빠진 독에 물 붓기

❹ 당장은 힘들어도 언젠가는 좋은 일이 생길 수 있음.

➡ 쥐구멍에도 ⬜⬜⬜ 있다

❺ 어떤 원칙이 정해져 있는 것이 아니라 둘러대기에 따라 이렇게도 되고 저렇게도 될 수 있음.

➡ ⬜ 에 걸면 귀걸이 ⬜ 에 걸면 코걸이

❻ 어떤 것에 몹시 놀란 사람은 비슷한 것만 봐도 겁을 냄.

➡ 자라 보고 놀란 가슴 ⬜⬜⬜ 보고 놀란다

❼ 어떤 일이든지 한 번에 만족할 수는 없음.

➡ ⬜⬜ 에 배부르랴

❽ 조금 주고 훨씬 많이 받는 경우를 이르는 말.

➡ ⬜ 로 주고 ⬜ 로 받는다

❾ 겉으로 보기에는 좋으나 실제로는 좋지 못한 경우를 이르는 말.

➡ ⬜ 좋은 개살구

❿ 애쓰던 일이 실패로 돌아가거나 남보다 뒤떨어져 어쩔 수 없게 됨.

➡ 닭 쫓던 개 지붕 ⬜⬜⬜⬜

⓫ 기본이 되는 것보다 덧붙이는 것이 더 많거나 큰 경우를 이르는 말.

➡ 배보다 ⬜⬜ 이 더 크다

⓬ 위급한 상황에서는 이를 극복하기 위해서 어떤 행동이라도 가리지 않고 함.

➡ 물에 빠지면 ⬜⬜⬜ 라도 잡는다

오늘도 한 뼘 자랐습니다

제대로 알면
귀에 딱 꽂히는
속담

정답 및 해설
& 어휘 찾아보기

길벗스쿨

정답 및 해설

1 day
12~13쪽

1 (1) 보배　　　(2) 티끌 모아 태산
　 (3) 도토리 키 재기　　(4) 여든
2 (1) 대동　　　(2) 소금
3 (1) ○ (2) × (3) × (4) ○ (풀이 참조)

3

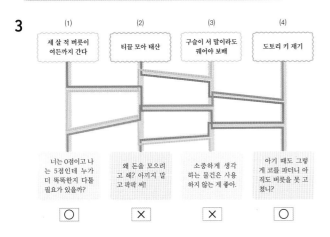

2 day
16~17쪽

1 (1) 다리가 찢어진다　　(2) 언 발에 오줌 누기
　 (3) 돌다리　　(4) 사공이 많으면
2 (1) 물어　　　(2) 솔잎
3 햄버거 (풀이 참조)

3

'뱁새가 황새를 따라가면 다리가 찢어진다'는 힘에 겨운 일을 억지로 하면 오히려 해만 입는다는 뜻이므로, ❶은 속담을 잘못 사용한 것이다. ❷~❹는 모두 속담을 알맞게 사용했다.

3 day
18~19쪽

1 ⑤　　　**2** (1) ○
3 카레　　　**4** ⑤
5 도운

1 까마귀가 독수리를 따라 하다 새끼 양의 놀잇감이 되는 상황이므로, 힘에 겨운 일을 억지로 하면 오히려 해만 입는다는 뜻의 '뱁새가 황새를 따라가면 다리가 찢어진다'가 알맞다.

2 이항복이 버려진 쇳조각을 모아 둔 덕분에 대장장이가 다시 대장간을 할 수 있게 되었으므로, 이항복은 티끌 모아 태산을 경험한 것이다. '티끌 모아 태산'은 아무리 작은 것이라도 모이고 모이면 나중에 큰 덩어리가 된다는 뜻이다.

3 아이들은 각각 카레, 볶음밥, 떡볶이, 샌드위치를 만들자는 의견을 냈는데, 가위바위보를 해서 카레를 만들기로 결정했다.

4 모두 자기 의견만 고집해서 메뉴를 정하는 데 한 시간이나 걸렸다고 했으므로, 이끄는 사람 없이 여러 사람이 자기주장만 내세우면 일이 제대로 되기 어렵다는 것을 뜻하는 '사공이 많으면 배가 산으로 간다'가 관련 있다.

5 셋째는 당근을 넣지 말라고 말한 것으로 보아, 편식하는 습관을 가지고 있다. 따라서 어릴 때부터 나쁜 버릇이 들지 않도록 조심해야 한다는 뜻을 가진 '세 살 적 버릇이 여든까지 간다'를 사용해 편식하는 습관을 고쳐야 한다고 말한 도운이가 알맞게 말한 것이다.

1 (1) 단김에 빼라   (2) 떡잎

    (3) 쇠귀에 경 읽기   (4) 떨어진다

2 (1) 곧   (2) 효과

    (3) 실수

3

❶	❷	❸
❹	❺	❻

3 ❶ '쇠뿔도 단김에 빼라'는 어떤 일을 하려고 생각했으면 망설이지 말고 곧 행동으로 옮겨야 한다는 뜻이므로, 시간이 많으니까 좀 더 자라는 내용과 어울리지 않는다.

   ❹ '쇠귀에 경 읽기'는 아무리 알려 주어도 알아듣지 못하거나 효과가 없는 경우를 이르는 말이므로, 하나를 알려 주면 둘을 안다는 내용과 어울리지 않는다.

   ❻ '될성부른 나무는 떡잎부터 알아본다'는 잘될 사람은 어려서부터 남달리 잘될 가능성이 엿보인다는 뜻이므로, 지난번에 못했던 줄넘기를 한 개 하게 됐다는 내용과 어울리지 않는다.

1 (1) 풍월   (2) 소 잃고

    (3) 범   (4) 정신만 차리면 산다

2 (1) 소식   (2) 신랑

3 4

3 첫 번째에는 일이 이미 잘못된 뒤에는 바로잡으려고 애써도 소용이 없음을 비꼬는 말인 '소 잃고 외양간 고친다'가 알맞다. 두 번째에는 철없이 함부로 덤비는 경우를 이르는 말인 '하룻강아지 범 무서운 줄 모른다'가 알맞다. 따라서 1과 3을 더해 4가 된다.

1 ③   **2** (3) ○

3 박세리   **4** ②

5 (2) ○

1 화재가 발생하면 돌이킬 수 없으니 미리 집 안에 소화기를 준비해 두자고 말하고 있으므로, 일이 이미 잘못된 뒤에는 바로잡으려고 애써도 소용이 없음을 비꼬는 말인 '소 잃고 외양간 고친다'로 고쳐 쓰는 것이 알맞다.

2 '쇠뿔도 단김에 빼라'는 어떤 일을 하려고 생각했으면 망설이지 말고 곧 행동으로 옮겨야 한다는 뜻이므로, 김유신은 바로 백석의 말에 따라 행동했을 것이다. 따라서 김유신이 그날 밤 바로 백석과 함께 고구려로 향했을 것이라는 내용의 (3)이 알맞다.

3 이 글은 박세리가 위기를 극복하고 승리를 했던 경기에 대한 내용을 담고 있다. 박세리는 2차 연장전 끝에 승리를 거두었다.

4 앞선 대회에서 최연소의 나이로 우승할 정도로 실력이 뛰어난 박세리가 실수를 한 상황이므로, 아무리 익숙하고 잘하는 사람이라도 가끔 실수할 때가 있다는 뜻의 '원숭이도 나무에서 떨어진다'가 관련 있는 속담이다.

5 '호랑이에게 물려 가도 정신만 차리면 산다'는 아무리 위급한 경우라도 정신만 똑똑히 차리면 위기를 벗어날 수 있다는 뜻이므로, 박세리가 침착하게 공을 빼내서 우승을 할 수 있었다고 말한 (2)가 알맞다.

7 day

1 (1) 작은 고추   (2) 말 한마디에

   (3) 숭늉   (4) 공든 탑이 무너지랴

2 풀이 참조

3 (1) 키가 작다고 우습게 보지 마.

   (2) 좀 기다리렴.

   (3) 더 노력해 봐.

2

❶해	❷결		❸지	❹성		❺재		
	과			급		❻주	전	자

3 (1) '작은 고추가 더 맵다'는 몸집이 작은 사람이 큰 사람보다 재주가 뛰어나고 야무지다는 뜻이므로, 키가 작다고 우습게 보지 말라는 내용이 알맞다.

   (2) '우물에 가 숭늉 찾는다'는 모든 일에는 질서와 차례가 있는데 일의 순서도 모르고 성급하게 덤빈다는 뜻이므로, 좀 기다리라는 내용이 알맞다.

   (3) '공든 탑이 무너지랴'는 정성과 노력을 다해 한 일은 그 결과가 헛되지 않다는 뜻이므로, 더 노력해 보라는 내용이 알맞다.

8 day

1 (1) 가래로 막는다   (2) 재주

   (3) 낫   (4) 우물 안 개구리

2 너

3 (1) 굼벵이도 구르는 재주가 있다

   (2) 호미로 막을 것을 가래로 막는다

2 '우물 안 개구리'는 넓은 세상의 형편을 알지 못하는 사람을 이르거나 아는 것이 적어 저만 잘난 줄 아는 사람을 비꼬는 말로, '정저지와'와 뜻이 비슷하다. '낫 놓고 기역 자도 모른다'는 아주 무식함을 이르는 말로, '흰 것은 종이요 검은 것은 글씨라'와 뜻이 비슷하다. 따라서 'ㄴ'과 'ㅓ'를 조합하면 '너'가 된다.

9 day

1 (1) ○   **2** ③

3 칼림바   **4** (1) ○

5 ㉰

1 '작은 고추가 더 맵다'는 몸집이 작은 사람이 큰 사람보다 재주가 뛰어나고 야무지다는 뜻이므로, ㉠은 덩치가 작은 사람도 씨름을 잘할 수 있다는 뜻이다.

2 이웃에 사는 두 농부가 무시하던 노새가 금화를 만들어 낸 상황에서 한 말이므로, 아무런 능력이 없어 보이는 사람도 한 가지 재주는 있다는 뜻의 '굼벵이도 구르는 재주가 있다'가 알맞다.

4 엄마께서 수찬이의 말을 듣고 아주 무식함을 이르는 '낫 놓고 기역 자도 모른다'라는 속담을 활용해서 말씀하셨으므로, 수찬이는 칼림바가 무엇인지 모르고 있었을 것이다.

5 '공든 탑이 무너지랴'는 정성과 노력을 다해 한 일은 그 결과가 헛되지 않다는 뜻이므로, 엄마는 수찬이에게 최선을 다해 노력하면 칼림바 연주를 잘할 수 있을 것이라는 말씀을 해 주시고 싶었을 것이다.

10 day

1 ❶ 무식함   ❷ 덤비는

   ❸ 비슷한   ❹ 해

   ❺ 알지 못하는   ❻ 나쁜

   ❼ 재주   ❽ 잘될

   ❾ 큰   ❿ 쓸모 있게

   ⓫ 어려움   ⓬ 큰 힘

2 ❶ 두들겨   ❷ 맵다

   ❸ 서당 개   ❹ 우물

   ❺ 쇠귀   ❻ 정신

   ❼ 공든 탑   ❽ 원숭이

   ❾ 천 냥 빚   ❿ 쇠뿔

   ⓫ 외양간   ⓬ 오줌

1 (1) 제 말   (2) 없다

    (3) 아프다   (4) 김칫국부터 마신다

2 (1) ④   (2) ④

3 묵

3 첫 번째는 민정이한테 수아 얘기를 하고 있을 때 수아가 왔다는 내용이므로, 다른 사람에 대해 이야기하는데 공교롭게 그 사람이 나타나는 경우를 이르는 말인 '호랑이도 제 말 하면 온다'가 알맞다. 두 번째는 동생이 칭찬받은 것을 질투하는 내용이므로, 남이 잘되는 것을 기뻐해 주지는 않고 오히려 질투하는 경우를 이르는 말인 '사촌이 땅을 사면 배가 아프다'가 알맞다. 세 번째는 부모님이 자식을 모두 소중하게 생각하신다는 내용이므로, 부모는 자식이 아무리 많아도 모두 다 소중함을 이르는 말인 '열 손가락 깨물어 안 아픈 손가락이 없다'가 알맞다. 따라서 'ㅁ', 'ㅜ', 'ㄱ'을 차례대로 조합하면 '묵'이 된다.

1 (1) 망둥이   (2) 소 닭 보듯

    (3) 계란으로 바위 치기   (4) 이웃

2 7

3 (1) × (2) ○ (3) × (4) ○ (풀이 참조)

3

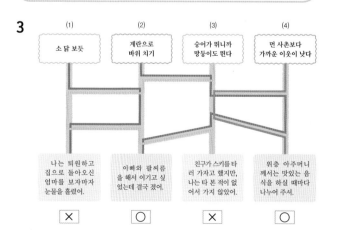

1 ④   **2** (2) ○

3 (1) ○ (2) × (3) ○   **4** ④

5 ⑤

1 이웃들과 친해지면 행복하게 지낼 수 있을 것이라고 말하고 있으므로, 이웃끼리 서로 친하게 지내다 보면 먼 곳에 있는 친척보다 더 친하게 되어 서로 도우며 살게 된다는 뜻의 '먼 사촌보다 가까운 이웃이 낫다'가 알맞다.

2 대한민국 축구 대표 팀이 이길 수 없다고 생각했던 독일을 이긴 상황이므로, 맞서 싸워도 도저히 이길 수 없는 경우를 이르는 말인 '계란으로 바위 치기'를 이용한 (2)가 알맞다.

3 민석이와 민형이는 서로 소 닭 보듯 했다. '소 닭 보듯'은 서로 무심하게 보는 모양을 이르는 말이므로, 민형이와 민석이가 서로 화가 난 표정으로 노려본 것은 아니다.

4 민석이가 거실로 나오자 민형이는 "호랑이도 제 말 하면 온다더니."라고 속삭였다. '호랑이도 제 말 하면 온다'는 다른 사람에 대해 이야기하는데 공교롭게 그 사람이 나타나는 경우를 이르는 말이므로, 민형이는 엄마께 민석이에 대한 이야기를 하고 있었을 것이다.

5 엄마께서는 민형이와 민석이 모두 똑같이 소중하다고 말씀하셨다. 따라서 부모는 자식이 아무리 많아도 모두 다 소중하다는 뜻의 '열 손가락 깨물어 안 아픈 손가락이 없다'가 관련 있는 속담이다.

1 (1) 생선   (2) 가는 말이 고와야

    (3) 똥   (4) 아랫물이 맑다

2 (1) 웃는   (2) 바스락

3 토끼(풀이 참조)

3

출발 →

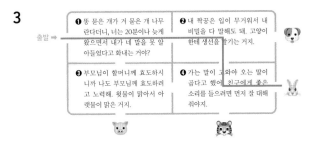

❶ 똥 묻은 개가 겨 묻은 개 나무란다더니, 너는 20분이나 늦게 왔으면서 내가 네 말을 못 알아들었다고 화내는 거야?

❷ 내 짝꿍은 입이 무거워서 내 비밀을 다 말해도 돼. 고양이한테 생선을 맡기는 거지.

❸ 부모님이 할머니께 효도하시니까 나도 부모님께 효도하려고 노력해. 윗물이 맑아서 아랫물이 맑은 거지.

❹ 가는 말이 고와야 오는 말이 곱다고 했어. 친구에게 좋은 소리를 들으려면 먼저 잘 대해 줘야지.

'고양이한테 생선을 맡기다'는 어떤 일을 믿지 못할 사람에게 맡겨 놓고 마음이 놓이지 않아 걱정한다는 뜻이다. ❷는 짝꿍이 믿을 만하다는 내용이므로 속담을 잘못 사용한 것이다. ❶, ❸, ❹는 모두 속담을 알맞게 사용했다.

1 (1) 곱다   (2) 커

    (3) 꿈틀한다   (4) 가재는 게 편

2 (1) 좋아   (2) 부모님, 자식

    (3) 비슷

3

❶	❷	❸
❹	❺	❻

3 ❶ '가재는 게 편'은 비슷하고 관련 있는 것끼리 서로 잘 어울리고 감싸 주기 쉽다는 뜻이므로, 언니랑 맨날 싸운다는 내용과 어울리지 않는다.

❸ '고슴도치도 제 새끼는 함함하다고 한다'는 부모님은 제 자식이 다 잘나고 귀여워 보인다는 뜻이므로, 형이 자신만 미워한다는 내용과 어울리지 않는다.

❺ '지렁이도 밟으면 꿈틀한다'는 아무리 지위가 낮거나 순한 사람이라도 너무 업신여기면 가만있지 않는다는 뜻이므로, 서우가 화내는 걸 본 적이 없다는 내용과 어울리지 않는다.

1 (2) ○   **2** ③

3 채운   **4** (4) ○

1 '고양이한테 생선을 맡기다'는 어떤 일을 믿지 못할 사람에게 맡겨 놓고 마음이 놓이지 않아 걱정한다는 뜻이므로, '나'는 오빠가 내 찐빵까지 다 먹을까 봐 걱정한 것이다.

2 교장 선생님은 2학년 친구들이 1학년 동생들에게 모범을 보이기를 바라는 마음으로 이 글을 썼다. 따라서 윗사람이 잘하면 아랫사람도 따라서 잘하게 된다는 뜻의 '윗물이 맑아야 아랫물이 맑다'가 관련 있다.

3 김 씨는 첫 번째 양반이 자신을 존중해 주지 않았기 때문에 두 번째 양반보다 고기의 양을 적게 주었다. 김 씨가 첫 번째 양반에게 고기를 더 적게 준 것은 맞기 때문에 다예는 글의 내용을 바르게 파악하지 못했다. '도토리 키 재기'는 서로 비슷한 사람끼리 자기가 더 낫다고 다툰다는 뜻이므로, 이현이는 속담을 잘못 사용했다.

4 백정인 김 씨가 자신보다 신분이 높은 양반에게 화가 난 까닭에 대해 말하고 있으므로, 아무리 지위가 낮거나 순한 사람이라도 너무 업신여기면 가만있지 않는다는 뜻의 '지렁이도 밟으면 꿈틀한다'가 알맞다.

17 day

1 (1) 실 간다　　　　　(2) 터진다

　(3) 고양이 쥐 생각　　(4) 곰

2 풀이 참조

3 (1) 수지가 오니까 민호도 왔구나.

　(2) 진짜 너의 속마음을 말해 봐.

2

❶피		❸이	❹익		❺긴		❼어	❽부
❷해	결		숙		❻밀	물		상

3 (1)의 '바늘 가는 데 실 간다'는 사람의 긴밀한 관계를 말하고, (2)의 '고양이 쥐 생각'은 속으로는 해칠 마음을 품고 있으면서 겉으로는 생각해 주는 척한다는 뜻이다.

18 day
70~71쪽

1 (1) 미꾸라지 한 마리가

　(2) 미운 아이

　(3) 친구 따라 강남 간다

　(4) 올 적 마음 다르다

2 (1) 덩달아　　　　　(2) 잘

3 (1) 미꾸라지 한 마리가 온 웅덩이를 흐려 놓는다

　(2) 똥 누러 갈 적 마음 다르고 올 적 마음 다르다

3 (1) 수찬이 때문에 대부분 숙제를 안 해 왔다는 내용이므로, 한 사람의 좋지 않은 행동이 여러 사람에게 나쁜 영향을 미친다는 뜻의 '미꾸라지 한 마리가 온 웅덩이를 흐려 놓는다'가 알맞다.

　(2) 청소를 하기 전과 후의 태도가 달라졌다는 내용이므로, 자기 일이 아주 급한 때는 애타게 매달리다가 그 일을 무사히 다 마치면 모른 체하고 지낸다는 뜻의 '똥 누러 갈 적 마음 다르고 올 적 마음 다르다'가 알맞다.

19 day
72~73쪽

1 평소 멀미가 심하기 때문에

2 ㉣　　　　　　**3** ㉠

4 ⑤

5 (1) 명나라, 청나라　(2) 조선

2 '바늘 가는 데 실 간다'는 사람의 긴밀한 관계를 뜻하므로, '나'는 동호와 매우 친한 사이일 것이다.

3 '내'가 자기 사정은 생각하지 않고 무작정 동호를 따라 서점에 가겠다고 한 것에 대해 말씀하시는 부분이므로, '친구 따라 강남 간다'가 알맞다.

4 힘들게 일하는 건 아이들인데 이익은 초콜릿 회사와 농장 주인에게 돌아간다는 내용이므로, '재주는 곰이 넘고 돈은 주인이 받는다'가 관련 있다.

5 이 글은 조선이 명나라와 청나라 사이에 끼어 피해를 입게 될 뻔한 상황을 설명하고 있다. 따라서 '고래'는 명나라와 청나라를 말하고, '새우'는 조선을 말한다.

20 day
74~75쪽

1 ❶ 무심하게　　　　❷ 소중함

　❸ 이길　　　　　　❹ 좋지 않은

　❺ 해칠　　　　　　❻ 믿지 못할

　❼ 업신여기면　　　❽ 질투하는

　❾ 따름　　　　　　❿ 나타나는

　⓫ 도우며　　　　　⓬ 모른 체하고

2 ❶ 바늘　　　　　　❷ 겨

　❸ 윗물　　　　　　❹ 친구

　❺ 주인　　　　　　❻ 꿈

　❼ 떡　　　　　　　❽ 새끼

　❾ 떡　　　　　　　❿ 오는

　⓫ 고래　　　　　　⓬ 게

1 (1) 찔러나 본다　(2) 소도둑
　(3) 나는 놈　(4) 믿는 도끼에

2 (1) 작은, 큰　(2) 잘난 체(척)

3 (1) ㉯ (2) ㉮ (3) ㉴ (4) ㉰

3 (1) 잘될 거라고 생각했던 일이 잘되지 않거나 믿었던
사람이 배신하여 오히려 해를 입는다는 뜻의 '믿는
도끼에 발등 찍힌다'가 알맞다.
(2) 자기 것으로 만들지 못할 바에야 남도 갖지 못하게
일부러 망가뜨리는 못된 마음을 이르는 '못 먹는 감
찔러나 본다'가 알맞다.
(3) 아무리 어떤 것에 뛰어나도 더 뛰어난 사람이 있으
니 잘난 체하지 말라는 말인 '뛰는 놈 위에 나는 놈
있다'가 알맞다.
(4) 작은 나쁜 짓도 자꾸 하게 되면 큰 죄를 저지르게
된다는 뜻의 '바늘 도둑이 소도둑 된다'가 알맞다.

1 (1) 내 코가 석 자　(2) 쓴 약
　(3) 봇짐　(4) 누워서 침 뱉기

2 (1) 여유　(2) 양약고구

3

❶	❷	❸
❹	❺	❻

3 ❶ '양약고구'는 좋은 약은 입에 쓰다는 뜻이므로, 담
임 선생님께서 칭찬을 많이 해 주셔서 좋다는 내용
과 어울리지 않는다.
❷ '누워서 침 뱉기'는 자기에게 해가 되어 돌아올 짓
을 한다는 뜻이므로, 천문학자인 삼촌이 별자리 이
름을 알아맞힌다는 내용과 어울리지 않는다.
❺ '내 코가 석 자'는 내 사정이 급하고 어려워서 남을
돌볼 여유가 없다는 뜻이므로, 동생에게 빵을 양보
했다는 내용과 어울리지 않는다.

1 ③　**2** (1) ○
3 아기(아들)　**4** ③
5 (3) ○

1 다른 사람이 날 위해 해 주는 충고가 나에게 도움이
될 수 있다는 것을 말하고 있으므로, 자기에 대한 충고
나 비판이 당장은 듣기에 좋지 않지만 그것을 받아들
이면 큰 도움이 된다는 뜻의 '입에 쓴 약이 병을 고친
다'가 관련 있다.

2 '내 코가 석 자'는 내 사정이 급하고 어려워서 남을 돌
볼 여유가 없다는 뜻이다. 따라서 ㉠은 윤석이도 떡볶
이가 매워서 물을 먹어야 하는 상황이므로 윤석이 컵
에 있는 물을 '나'에게 줄 수 없다는 뜻이다.

3 다밧은 자신의 아기를 몰래 데려간 스맛에게 아기를
돌려 달라고 했지만 스맛이 돌려주지 않았다. 다밧과
스맛은 그 일로 솔로몬을 찾아갔다.

4 친하게 지냈던 스맛이 한 일에 화가 나서 한 말이므로,
잘될 거라고 생각했던 일이 잘되지 않거나 믿었던 사
람이 배신하여 오히려 해를 입는다는 뜻의 '믿는 도끼
에 발등 찍힌다'가 알맞다.

5 '못 먹는 감 찔러나 본다'는 자기 것으로 만들지 못할
바에야 남도 갖지 못하게 일부러 망가뜨리는 못된 마
음을 이르는 말이므로, 자기가 못 가지면 다밧도 못 가
지게 할 거라고 말한 (3)이 알맞다.

1 (1) 방앗간   (2) 병 주고 약 준다
   (3) 간에 붙었다   (4) 부채질
2 교재
3 (1) × (2) ○ (3) ○ (4) × (풀이 참조)

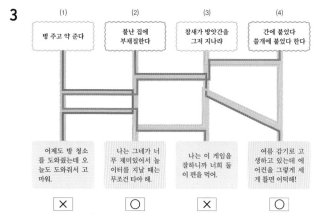

3

(1)	(2)	(3)	(4)
병 주고 약 준다	불난 집에 부채질한다	참새가 방앗간을 그저 지나랴	간에 붙었다 쓸개에 붙었다 한다

어제도 방 청소를 도와줬는데 오늘도 도와줘서 고마워.	나는 그네가 너무 재미있어서 놀이터를 지날 때는 무조건 타야 해.	나는 이 게임을 잘하니까 너희 둘 이 편을 먹어.	여름 감기로 고생하고 있는데 에어컨을 그렇게 세게 틀면 어떡해!
×	○	×	○

(1)의 '병 주고 약 준다'는 교활하고 음흉한 사람의 행동을 이르는 말이고, (4)의 '간에 붙었다 쓸개에 붙었다 한다'는 자기에게 이익이 되도록 이편에 붙었다 저편에 붙었다 한다는 뜻이다.

1 (1) 다 된 죽에 코 풀기 (2) 쳐다보지도 마라
   (3) 나팔(나발)   (4) 남의 잔치에
2 풀이 참조

2

				❺주	책
❶참	❷견		❹고	장	
	❸학	부	모	❻인	
				공	
		❼호	가	호	위
	❽의	미		성	
❾욕	심				

1 ⑤   2 (3) ○
3 도자기 만들기   4 (1) × (2) × (3) ○
5 도준

1 박쥐는 자신의 이익에 따라 들짐승 편이 되었다가 새 편이 되었다가 했으므로, 자기에게 이익이 되도록 이편에 붙었다 저편에 붙었다 한다는 뜻의 '간에 붙었다 쓸개에 붙었다 한다'가 관련 있다.

2 '오르지 못할 나무는 쳐다보지도 마라'는 자기의 능력으로 할 수 없는 일에 대해서는 처음부터 욕심을 내지 않는 것이 좋다는 뜻이므로, ㉠은 욕심을 부리지 않는 게 나은가 하고 고민한 것이다.

3 '나'와 동생은 동네에 새로 생긴 도자기 공방으로 도자기 만들기 체험을 하러 갔다.

4 (1) 동생이 붕어빵을 팔고 계신 아주머니를 보고 "참새가 방앗간을 그냥 지날 수 없지!"라고 말한 것으로 보아, 동생은 붕어빵을 좋아한다.
   (2) '나'와 동생은 도자기 만들기 체험을 함께 하러 가고 껌도 사이좋게 나누어 씹은 것으로 보아, 사이가 나쁘다고 볼 수 없다.
   (3) 동생은 도자기를 만드는 내내 '나'에게 감 놓아라 배 놓아라 했으므로, 동생은 이런저런 참견을 한 것이다.

5 도준이는 속담을 잘못 사용했다. '원님 덕에 나팔 분다'는 남의 덕으로 맞지 않는 행세를 하게 되거나 그런 대접을 받고 우쭐대는 모양을 이르는 말이므로, 고양이가 나타난 일과 관련이 없다.

27 day

1 (1) 오리 발   (2) 곧이듣지 않는다

   (3) 고개   (4) 낮말은 새가 듣고

2 (1) 눈   (2) 발

3 삼

3 첫 번째는 지식이 뛰어나고 훌륭한 사람일수록 겸손하다는 뜻의 '벼 이삭은 익을수록 고개를 숙인다'가 알맞다. 두 번째는 옳지 못한 일을 저질러 놓고 엉뚱한 짓으로 속여 넘기려 한다는 뜻의 '닭 잡아먹고 오리 발 내놓기'가 알맞다. 세 번째는 아무리 사실대로 말해도 믿지 않는다는 뜻의 '콩으로 메주를 쑨다 하여도 곧이 듣지 않는다'가 알맞다. 따라서 'ㅅ', 'ㅏ', 'ㅁ'을 차례대로 조합하면 '삼'이 된다.

28 day

1 (1) 요란하다   (2) 생각 못 한다

   (3) 맞들면   (4) 입이 열 개라도

2 (1) 9   (2) 6

3 (1) 우리 함께 해결해 보자.

   (2) 네가 힘들었던 때는 기억나지 않니?

   (3) 잘 모르면서 아는 체를 하는구나.

2 (1) '허장성세'가 정답이므로 4와 5를 더해 9가 된다.

   (2) '유구무언'이 정답이므로 1과 5를 더해 6이 된다.

3 (1) '백지장도 맞들면 낫다'는 쉬운 일이라도 서로 도와서 하면 훨씬 쉽다는 뜻이므로, 함께 해결해 보자는 내용이 알맞다.

   (2) '개구리 올챙이 적 생각 못 한다'는 전보다 상황이 나아진 사람이 예전에 하찮거나 어려웠던 때를 생각하지 않고 처음부터 잘난 듯이 뽐낸다는 뜻이므로, 힘들었던 때가 기억나지 않냐고 묻는 내용이 알맞다.

   (3) '빈 수레가 요란하다'는 실속 없는 사람이 겉으로 더 떠들어 댄다는 뜻이므로, 잘 모르면서 아는 체한다는 내용이 알맞다.

29 day

1 ⑤   **2** ②

3 늑대가 나타났다고 거짓말을 하는 것

4 (3) ○   **5** 재민

1 '낮말은 새가 듣고 밤말은 쥐가 듣는다'는 아무리 비밀스럽게 말해도 남의 귀에 들어가게 되므로 말조심을 해야 한다는 말이므로, ⊙은 만세 운동을 준비하고 있다는 사실을 들키지 않도록 말조심할 것을 당부한 것이다.

2 힘을 모아 폐지를 줍자는 생각을 말하는 것이 알맞으므로, 쉬운 일이라도 서로 도와서 하면 훨씬 쉽다는 뜻의 '백지장도 맞들면 낫다'가 알맞다.

4 아무리 사실대로 말해도 믿지 않는다는 뜻의 '콩으로 메주를 쑨다 하여도 곧이듣지 않는다'를 사용해서 양치기 소년의 말을 믿지 않겠다고 말한 (3)이 알맞다.

5 '벼 이삭은 익을수록 고개를 숙인다'는 지식이 뛰어나고 훌륭한 사람일수록 겸손하다는 뜻이므로, 소현이의 말과 어울리지 않는다.

30 day

1 ❶ 실속   ❷ 해

   ❸ 변명할   ❹ 도와서

   ❺ 이익   ❻ 속여

   ❼ 좋아하거나   ❽ 해

   ❾ 충고   ❿ 망가뜨리는

   ⓫ 우쭐대는   ⓬ 뽐냄

2 ❶ 배   ❷ 익을수록

   ❸ 바늘   ❹ 코

   ❺ 쥐   ❻ 오르지

   ❼ 약   ❽ 메주

   ❾ 코   ❿ 불난 집

   ⓫ 뛰는   ⓬ 건져

1 (1) 꿩 먹고 알 먹기   (2) 등잔 밑이 어둡다

    (3) 쥐구멍   (4) 자라

2 (1) 도랑, 가재   (2) 좋은 일

    (3) 놀란, 겁

3 (1) 등잔 밑이 어둡다

    (2) 쥐구멍에도 볕 들 날 있다

3 (1) 자신의 동생이기 때문에 남보다 더 잘 알아야 하지만 자신이 남보다 동생에 대해 더 모르는 상황이므로, 가까이 있는 사람이 오히려 잘 알기 어렵다는 뜻의 '등잔 밑이 어둡다'가 알맞다.

(2) 학급 회장 선거에서 계속 떨어지다가 당선되는 좋은 일이 생긴 상황이므로, 당장은 힘들어도 언젠가는 좋은 일이 생길 수 있다는 뜻의 '쥐구멍에도 볕 들 날 있다'가 알맞다.

1 (1) 물 붓기   (2) 첫술에 배부르랴

    (3) 하늘이 무너져도   (4) 되로 주고 말로 받는다

2 풀이 참조

3 (1) ⓒ (2) ⓑ (3) ⓐ

2
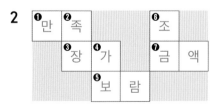

3 (1)의 '되로 주고 말로 받는다'는 조금 주고 훨씬 많이 받는 경우를 이르는 말이고, (2)의 '밑 빠진 독에 물 붓기'는 아무리 노력해도 보람이 없는 상태를 이르는 말이다. (3)의 '하늘이 무너져도 솟아날 구멍이 있다'는 아무리 어려운 경우에 처하더라도 살아 나갈 방법이 생긴다는 뜻이다.

1 (2) ○   **2** ②

3 바퀴벌레 장난감   **4** ⑤

5 ④

1 '하늘이 무너져도 솟아날 구멍이 있다'는 아무리 어려운 경우에 처하더라도 살아 나갈 방법이 생긴다는 뜻이다. 따라서 ㉠은 배가 가라앉는 위험한 상황에 놓인 앤이 살 수 있는 방법이 있을 거라는 생각을 담아 한 말이다.

2 우리의 작은 노력으로 환경 오염을 줄이고 음식물 쓰레기를 처리하는 비용도 줄일 수 있다고 했으므로, 한 가지 일을 해서 두 가지 이상의 이익을 보게 됨을 뜻하는 '꿩 먹고 알 먹기'가 알맞다.

3 민준이가 지연이에게 바퀴벌레 장난감을 생일 선물로 주어 지연이가 매우 놀란 일이 나타나 있는 글이다.

4 지연이가 네모난 상자에 담긴 바퀴벌레 장난감을 보고 놀란 뒤로 네모난 물건만 보면 깜짝깜짝 놀라는 상황이므로, 어떤 것에 몹시 놀란 사람은 비슷한 것만 봐도 겁을 낸다는 뜻의 '자라 보고 놀란 가슴 솥뚜껑 보고 놀란다'가 알맞다.

5 '되로 주고 말로 받는다'는 조금 주고 훨씬 많이 받는 경우를 이르는 말이다. 마지막 문장을 통해 민준이가 지연이에게 되로 주고 말로 받게 될 상황임을 알 수 있다. 따라서 지연이가 민준이를 더 놀라게 하는 장난을 칠 것임을 짐작할 수 있다.

34 day
124~125쪽

1 (1) 땅 짚고 헤엄치기　(2) 가랑비
　　(3) 가는 날이 장날　(4) 방울

2 식은 죽 먹기, 누워서 떡 먹기, 땅 짚고 헤엄치기

3 일

3 첫 번째는 용돈을 다 써 버리는 줄도 모르고 과자를 매일 하나씩 사 먹었다는 내용이므로, 작은 일이라도 그것이 계속되면 큰일이 된다는 뜻인 '가랑비에 옷 젖는 줄 모른다'가 알맞다. 두 번째는 수영장에 갈 수 없는데 쓸데없이 몇 시에 갈지를 의논하는 상황이므로, 실행하기 어려운 것을 괜히 의논하는 경우를 이르는 '고양이 목에 방울 달기'가 알맞다. 세 번째는 요리사인 삼촌에게 음식 재료를 맡히는 일은 쉬운 일일 것이므로, 아주 쉬운 일을 이르는 '누워서 떡 먹기'가 알맞다. 따라서 'ㅇ', 'ㅣ', 'ㄹ'을 차례대로 조합하면 '일'이 된다.

35 day
128~129쪽

1 (1) 코에 걸면 코걸이　(2) 비 온 뒤
　　(3) 길고 짧은 것은　(4) 크다

2 (1) ○ (2) ○ (3) × (4) ×(풀이 참조)

3 (2) ○

2

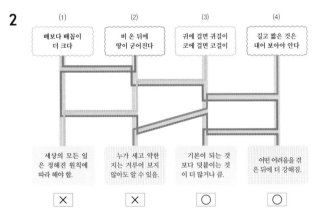

3 (2)의 '귀에 걸면 귀걸이 코에 걸면 코걸이'는 어떤 원칙이 정해져 있는 것이 아니라 둘러대기에 따라 이렇게도 되고 저렇게도 될 수 있다는 뜻이다.

36 day
130~131쪽

1 ①　　　　**2** (3) ○
3 바람, 해　**4** ④
5 (1) ○

1 지수가 윤아의 생일 선물로 필통을 사러 문구점에 갔는데 하필 문이 닫혀 있었서 사지 못했다고 말하고 있으므로, 어떤 일을 하려고 하는데 마침 그때 생각하지도 않은 일이 생긴다는 뜻의 '가는 날이 장날'로 고쳐 쓰는 것이 알맞다.

2 이 글은 과자 봉지의 크기에 비해 과자의 양이 적은 것에 대해 말하고 있으므로 (3)이 알맞다. (1)은 글의 내용과 관련이 있다고 볼 수 없다. (2)의 '비 온 뒤에 땅이 굳어진다'는 어떤 어려움을 겪은 뒤에 더 강해진다는 뜻이므로, 속담을 알맞게 사용하지 못했다.

3 바람과 해가 나그네의 외투를 벗기는 내기를 한다는 내용이므로, 중심인물은 바람과 해이다.

4 '길고 짧은 것은 대어 보아야 안다'는 크고 작고, 이기고 지고, 잘하고 못하는 것은 실제로 겨루어 보거나 겪어 보아야 알 수 있다는 뜻이므로, 해는 바람에게 누가 더 힘이 센지는 겨루어 봐야 안다는 생각을 전한 것이다.

5 '땅 짚고 헤엄치기'는 일이 매우 쉬울 때 쓰는 말이므로, 바람은 나그네의 외투를 벗기는 일이 자신에게 매우 쉽다는 것을 말한 것이다.

1 (1) 저리다　　　　　(2) 빛 좋은 개살구

　　 (3) 빠지면　　　　　(4) 꿩 대신 닭

2 (1) 도둑이 제 발 저리다

　　 (2) 속 빈 강정, 빛 좋은 개살구

3

❶	❷	❸
❹	❺	❻

3 ❸ '빛 좋은 개살구'는 겉으로 보기에는 좋으나 실제로
　　 는 좋지 못한 경우를 이르는 말이므로, 빵이 모양은
　　 별로였지만 맛은 좋았다는 내용과 어울리지 않는다.

　　 ❹ '물에 빠지면 지푸라기라도 잡는다'는 위급한 상황
　　 에서는 이를 극복하기 위해서 어떤 행동이라도 가
　　 리지 않고 한다는 뜻이므로, 꾸중을 듣더라도 속상
　　 해하지 말라는 내용과 어울리지 않는다.

　　 ❺ '꿩 대신 닭'은 꼭 적당한 것이 없을 때 그와 비슷한
　　 것으로 대신하는 경우를 이르는 말이므로, 유진이
　　 가 나랑만 짝을 하려고 한다는 내용과 어울리지 않
　　 는다.

1 (1) 닭, 개　　　　　(2) 한 걸음부터

　　 (3) 연기　　　　　(4) 산 넘어 산이다

2 (1) 반　　　　　　(2) 태산

3 나비(풀이 참조)

3

출발 ⇒
❶ 천 리 길도 한 걸음부터라고
했어. 아직 준비가 덜 됐지만
일단 시작해 보자.
❷ 난 피아노를 배운 적이 없는데
피아노를 잘 친다고 소문이 났
어. 아니 땐 굴뚝에 연기 날까?

❸ 버스를 바로 앞에서 놓치고 닭
쫓던 개 지붕 쳐다보듯 바라보
고 있었어.
❹ 어제, 오늘 숙제까지 미리 다
했더니 오늘은 참 편해. 산 넘
어 산이야.

❶과 ❸은 속담을 알맞게 사용했고, ❷와 ❹는 속담을
알맞게 사용하지 못했다.

1 ③　　　　　　**2** (2) ○

3 (1) ✕ (2) ○ (3) ✕　　**4** 등산화

5 ②

1 선화 공주가 올바르게 행동하지 않아서 그런 소문이
　 났을 것이라는 말이 뒤에 이어지고 있으므로, 원인이
　 없으면 결과가 있을 수 없다는 뜻의 '아니 땐 굴뚝에
　 연기 날까'가 알맞다.

2 버터 대신 마가린을 발명한 상황을 '꿩 대신 닭'으로
　 표현할 수 있으므로, 찬민이가 알맞게 말했다. 슬기와
　 선예는 알맞은 속담을 사용하지 못했다.

3 도둑이 제 발 저린지 동생의 얼굴이 빨개져 있었다고
　 했으므로, '나'는 동생이 방귀를 뀌었다고 생각한 것이다.

4 '빛 좋은 개살구'는 겉으로 보기에는 좋으나 실제로는
　 좋지 못한 경우를 이르는 말이다. '나'는 예뻐서 산 등
　 산화 때문에 발이 아팠다고 했으므로 등산화가 빛 좋
　 은 개살구였다.

5 갈수록 더욱 어려운 상황에 처하게 되는 경우를 이르
　 는 말인 '산 넘어 산이다'가 알맞다.

1 ❶ 시작　　　　　❷ 결과

　　 ❸ 강해짐　　　　❹ 가까이

　　 ❺ 계속되면　　　❻ 이익

　　 ❼ 의논　　　　　❽ 어려운

　　 ❾ 살아 나갈　　 ❿ 생각하지도 않은

　　 ⓫ 비슷한　　　　⓬ 겪어

2 ❶ 땅　　　　　　❷ 제 발

　　 ❸ 밑　　　　　　❹ 볕 들 날

　　 ❺ 귀, 코　　　　❻ 솥뚜껑

　　 ❼ 첫술　　　　　❽ 되, 말

　　 ❾ 빛　　　　　　❿ 쳐다보듯

　　 ⓫ 배꼽　　　　　⓬ 지푸라기

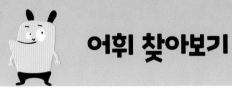

어휘 찾아보기

지은이 기적학습연구소

"혼자서 작은 산을 넘는 아이가 나중에 큰 산도 넘습니다."

본 연구소는 아이들이 혼자서 큰 산까지 넘을 수 있는 힘을 키워 주고자 합니다.
아이들의 연령에 맞게 학습의 산을 작게 만들어 혼자서도 쉽게 넘을 수 있게 만듭니다.
때로는 작은 고난도 경험하게 하여 성취감도 맛보게 합니다.
그리고 아이들에게 실제로 적용해서 검증을 통해 차근차근 책을 만들어 갑니다.
아이가 주인공인 기적학습연구소 [국어과]의 대표적 저작물은 〈기적의 독해력〉, 〈기적의 독서 논술〉,
〈4주 만에 완성하는 바른 글씨〉 등이 있습니다.

 제대로 알면 귀에 딱 꽂히는 속담

초판 발행 2023년 6월 29일
초판 2쇄 발행 2023년 8월 15일

지은이 기적학습연구소
발행인 이종원
발행처 길벗스쿨
출판사 등록일 2006년 6월 16일
주소 서울시 마포구 월드컵로 10길 56(서교동 467-9)
대표 전화 02)332-0931   팩스 02)323-0586
홈페이지 www.gilbutschool.co.kr   이메일 gilbut@gilbut.co.kr

기획 신경아(skalion@gilbut.co.kr)   책임 편집 및 진행 박은숙, 유명희, 최지현
제작 이준호, 이진혁, 김우식   영업마케팅 문세연, 박다슬   웹마케팅 박달님, 이재윤
영업관리 김명자, 정경화   독자지원 윤정아, 최희창

표지 디자인 유어텍스트 배진웅   본문 디자인 퍼플페이퍼 정보라   본문 일러스트 이창우
전산 편집 린 기획   인쇄 교보피앤비   제본 신정문화사

ISBN 979-11-6406-529-5 63710 (길벗스쿨 도서번호 10860)
정가 12,000원

독자의 1초를 아껴주는 정성 길벗출판사 ··

길벗스쿨 국어학습서, 수학학습서, 유아콘텐츠유닛, 주니어어학 1/2, 어린이교양 1/2, 교과서, 길벗스쿨콘텐츠유닛
길벗 IT실용서, IT/일반 수험서, IT전문서, 어학단행본, 어학수험서, 경제실용서, 취미실용서, 건강실용서, 자녀교육서
더퀘스트 인문교양서, 비즈니스서